Wolfgang Mönninghoff

Rezepte der Äbte

VON KLÖSTERN, HEILIGEN UND HIMMLISCHEN GENÜSSEN

vgs EGMONT

Für Maren und Friederike

Kochen ist eine sehr konkrete Weise, füreinander da zu sein.
(Peter Handke)

INHALT

VORWORT

DAS KIRCHENJAHR

REZEPTE

SUPPEN

SALAT

FLEISCH UND GEFLÜGEL

GEMÜSE, BEILAGEN UND KLEINE GERICHTE

FISCH

BROT UND GEBÄCK

SÜẞES UND DESSERTS

GETRÄNKE

VORWORT

DIE HEILIGE SCHRIFT IST, salopp gesagt, ziemlich verfressen. Das tägliche Brot im Vaterunser oder der Apfel als Stolperstein im Paradies sind nur zwei Beispiele. So bestellte Noah einen Weinberg (1. Buch Mose 9, 20-21), Abraham übermittelt sogar das Rezept für einen Kuchen (1. Buch Mose 18) und Esau verkaufte für ein Gericht aus roten Linsen sein Erstgeburtsrecht (1. Buch Mose 25, 30). Die Juden feiern an Passah mit köstlichem Lamm, zubereitet nach den Anweisungen Mose, den Auszug aus Ägypten (2. Buch Mose, 12). Und der weise und mächtige Salomo war ein ebenso veritabler Schlemmer und ließ auch sein Volk wie im Paradies leben. Täglich musste er zur Speisung »dreißig Sack feinstes Mehl, sechzig Sack anderes Mehl, zehn gemästete Rinder und zwanzig Rinder von der Weide und hundert Schafe, ohne die Hirsche und Gazellen und Rehe und das gemästete Federvieh« heranschaffen (1 Könige 4, 21ff.). Auch im Neuen Testament geht es mit der Schlemmerei weiter: In Kana verwandelte Jesus Wasser in Wein (Johannes 2), in Galiläa machte er mit sieben Broten und einigen Fischen viertausend Menschen satt (Matthäus, 15, 29-39) und kurz vor seinem Tod dann nahm Jesus mit seinen Jüngern das letzte Abendmahl ein (Lukas 22, 7-20). Auch nach der Auferstehung aß Jesus mit seinen Jüngern, zuletzt am See von Tiberias, Fisch und Brot (Johannes 21, 9-11).

Ob in den Überlieferungen des Volkes Israel oder zu den Zeiten Jesu – man sieht: Gutes Essen mochten besonders die Menschen am Mittelmeer schon immer.

WAS EIGENTLICH MACHT KLÖSTERLICHES LEBEN für die säkularisierten Menschen der Jetztzeit so anziehend? Ein Bedürfnis nach strengen Regeln, nach rigide strukturierten Abläufen in einer Zeit des »anything goes«? Eine gegen den Rationalismus gewandte Sehnsucht nach Transzendenz und Spiritualität, die weder im Alltag noch im Gemeindeleben mehr zu finden ist? Ist Religion, wie es der Publizist Hans-Conrad Zander formuliert: »... das grenzüberschreitende Gefühl, dass jenseits der winziggrünen Welt, die uns birgt, das Erlebnis einer maßlos anderen Welt beginnt«? Oder ist es das Vertrauen, dass Menschen, die so intensiv ihren Glauben leben, besonders aufrichtig sind, dazu naturverbunden aus Respekt vor der Schöpfung? Pater Reinald Rickert, Ökonom der Abtei Königsmünster, sagt über die Einstellung der Kunden zu seinen Produkten: »Wir haben einen Bonus. Das, was im Kloster erzeugt wird, gilt als garantiert unverfälscht und gesund«. Pater Anselm, der Cellerar (Finanzverwalter) des Klosters Münsterschwarzach, erklärt die wachsende Beliebtheit der Klosterprodukte so: »Auch ein Mensch, der der Kirche fern steht, hat eine Ahnung davon, dass ein Kloster eine andere Welt sein kann, eine heile Welt, an der er gerne teilhaben möchte.« Und die Heilige Theresa von Avila formulierte: »Meine Töchter, es gibt keinen Grund zum Traurigsein ... wisst, dass Gott auch zwischen den Kochtöpfen zugegen ist.« Und: »Tu deinem Körper etwas Gutes, damit die Seele Lust hat, darin zu wohnen.«

UNSERE PERSPEKTIVE IST ZWAR KULINARISCH, bezieht aber spirituelle Aspekte mit ein. Denn wir können nicht so tun, als seien Klöster lediglich Stätten hedonistischen Wohllebens – obwohl es das, wir werden es sehen, natürlich auch gab. Doch ohne das Wirken der Orden – besonders der Benediktiner und Zisterzienser, die sich ganz handfest zunächst um die Kultivierung der Böden kümmerten und dann erst um die Rettung der heidnischen Seelen – ist das Europa von heute nicht denkbar: Mönche und Nonnen galten über Jahrhunderte als die unumstrittenen Meister des Weinanbaus. Sie wurden außerdem berühmt für ihre selbst gemachten Klosterliköre und speziell in Bayern für das Bierbrauen.

DAS »BÜRGERLICHE« JAHR BEGINNT AM 1. JANUAR und endet am 31. Dezember. Das Kirchenjahr hingegen fängt schon vier Wochen früher mit dem 1. Adventssonntag an und endet mit dem Christkönigsfest am letzten Sonntag davor. Die Hochfeste des Kirchenjahrs bestimmen seinen Rhythmus: Weihnachten, Ostern, Pfingsten – das Halbjahr der Feste; von Pfingsten bis zum ersten Advent – das Halbjahr der Kirche. Jedem dieser großen Hochfeste geht eine längere oder kürzere Vorbereitungszeit voraus: Der Advent bereitet auf das Weihnachtsfest vor, die Zeit nach Fastnacht auf das Osterfest und die Zeit von Christi Himmelfahrt an auf das Pfingstfest. Nach dem Rhythmus der christlichen Feste, der Feiertage und Sonntage des Kirchenjahrs, auch von ihrem Sinn und Brauchtum, leben die meisten Menschen unseres Kulturkreises, auch wenn sie den Kirchen fern stehen oder ihnen nicht angehören. Die vielen Feiertage und die Verehrung zahlreicher Heiliger haben in früheren Zeiten das Jahr kulinarisch abwechslungsreich aufgegliedert. Sonst gab es ja kaum Unterhaltung, und auf diese Weise kamen Gemüt und Magen gleichermaßen zu ihrem Recht, wie die folgenden Rezepte verdeutlichen mögen.

DEZEMBER

4 Barbara
6 Nikolaus
8 Mariä Empfängnis
21 Wintersonnenwende
24 Heiliger Abend
25 Weihnachten
26 Stephanus
27 Apostel Johannes
28 Unschuldige Kinder
31 Silvester

Die Adventszeit war lange eine strenge Fastenzeit. Lebkuchen und Weihnachtsgebäck waren ebenso verpönt wie Fleisch und Wurst. Auch Tanzen war verboten, weshalb zum Kathreinstag am 25. November kurz vor dem ersten Adventssonntag noch große Tanzfeste, die Kathreinstänze, gefeiert wurden. Erst mit der Christmette am Heiligen Abend war das Fasten beendet und dann durfte auch wieder Wurst gegessen werden. Daher der Name »Mettenwürste«. Auch wenn das Fasten mittlerweile kaum noch üblich ist, hat die Adventszeit ihren Charakter als Vorbereitungszeit behalten. Der Adventskranz, dessen vier Kerzen an den Adventssonntagen nacheinander entzündet werden, und die Barbarazweige, die am 4. Dezember kahl in die Vase gestellt werden und zum Weihnachtsfest erblühen, sind in vielen Haushalten Tradition. Trotz der vorweihnachtlichen Hektik bewahren sich viele Menschen zunehmend ein Gespür für die Ruhe, die mit der Zeit der Erwartung auf Weihnachten verbunden ist.

6. DEZEMBER NIKOLAUS

DER PARADEMARSCH der Schokoladen-Nikoläuse in den Supermarktregalen beginnt zumeist bereits Anfang Oktober. Ins Bild tritt ein wohlig warmes, goldschimmerndes Kinderparadies, wo gütige Gerechtigkeit gilt und wahllos Geschenke verteilt werden. Dieses Glücksgefühl hat einen Namen: Nikolaus. Einst Bischof von Myra in Lykien, wird er urkundlich im Jahr 325 als Teilnehmer des Konzils von Nicäa erwähnt. Er galt als Freund der Armen und Kinder und wurde im Lauf der Zeit zum Patron der Schiffer, Flößer, Fischer, der Kalkbrenner und der Rosse.

In vielen Teilen Westfalens war wie im benachbarten Holland der Nikolaustag der eigentliche Geschenktag, der erst in diesem Jahrhundert vom Heiligen Abend abgelöst wurde. Damals ritt der Heilige auf seinem Schimmel durch das Land und verteilte Birnwecken, Lebkuchen, Spekulatius, Nikoläuse, Kletzenbrot, Äpfel und Nüsse, später auch kleine Gaben. Oder er füllte die vor die Tür gestellten Schuhe oder die in den Kamin gehängten Strümpfe damit. Begleitet wurde er oft von einem schwarzen, hässlichen Kerl mit rüpelhaftem Benehmen, der ihm später auch die Bestrafung mit der Rute abnahm. Er hieß Krampus, Knecht Ruprecht, Klaubauf, Hans Muff oder Rumpelklaus. Eigentlich ist er wohl heidnischen Ursprungs, eine Art Wachstumsdämon, der beschenkt und versöhnt werden sollte. Und auch die Rute war ursprünglich nicht als Züchtigungsmittel gedacht, sondern diente als Lebensrute, mit der sich im Frühjahr die jungen Leute »fitzelten« und erotisch stimulierten.

Im 19. Jahrhundert – dem Jahrhundert der Schwarzen Pädagogik und des Schreberschen Geradhalters – benutzte man den kinderliebenden Heiligen als strafendes und lobendes Element, um sich die elterliche Erziehung zu erleichtern. Allerdings übernahm in manchen Gegenden von Anfang an Knecht Ruprecht die undankbare Rolle mit der Rute.

Im Sauerland kennt man folgendes Nikolauslied:

Sünder Klaos, du billige Mann,
Trek den besten Schabbes an!
Gef wat, gef wat!
Gef de kleine Kinder wat!
Laot de groten lopen,
De könt sik jao wat kopen.

ADVENTSPUNSCH
(GANZ OHNE ALKOHOL)

ZUTATEN

200 ml weißer Traubensaft
1 TL Rosinen
1 TL Mandeln, gehackt
1 Msp. Zimt, gemahlen
1 Msp. Nelke, gemahlen
1 Msp. Kardamom
Zitronensaft

In der Mikrowelle können Sie den Punsch gleich im Glas zubereiten. Alle Zutaten in ein großes Glas geben und abgedeckt in der Mikrowelle bei 600 Watt gut 1/2 Minute erhitzen. Nach Geschmack mit Zitronensaft würzen.

BRAUCHTUMSGEBÄCK

Richten wir unseren Blick zunächst auf einen Klassiker der vorweihnachtlichen Backstube.

Spekulatius

Dem Hausbesuch des Nikolaus entspricht die bischöfliche Visitation (lat. Besuch), bei der sich der Bischof durch eigenen Augenchein von den pastoralen Verhältnissen in einer Gemeinde überzeugt. Der Bischof tritt dabei als »Spekulator« auf (lat. *speculum* = Spiegel, Vorbild, Beobachter). Ein spezielles Gebildebrot, der Spekulatius, scheint seinen Namen deshalb zu haben, weil er meist den Bischof hoch zu Ross darstellte. Der Spekulatius ist ein Formgebäck aus dem holländisch-niederrheinischen Gebiet. Die Model aus Holz und Ton lassen sich bis in das 16. Jahrhundert zurückverfolgen. Der bisher älteste Beleg über die Herstellung von Spekulatius soll in einem etwa 1750 gedruckten Rezeptbuch aus Amsterdam von Gerrit van den Brenk zu finden sein.

Lebkuchen

Lebkuchen wird hauptsächlich in der Weihnachtszeit und zu Neujahr gebacken. Damit das Gebäck weich werden konnte, fing man schon mehrere Wochen vor Weihnachten mit dem Backen an. Ursprünglich wurde der Lebkuchen als Honigfladen mit Heilkräutersäften vermischt in den Apotheken der Klöster hergestellt. Der Honig fiel als Nebenprodukt bei der kirchlichen Kerzenherstellung ab. Der einfache Bürger musste sich dagegen mit Kletzenbrot begnügen, das seine Süße nur durch die getrockneten Früchte erhielt, denn für die breiteren Volksschichten blieb der Honig noch lange eine teure Leckerei.

Erst im 13./14. Jahrhundert begann die gewerbsmäßige Herstellung von Lebkuchen, wobei die Nürnberger deshalb besonders begünstigt waren, weil sie den Reichswald, »des Heiligen Römischen Reiches Bienengarten«, direkt vor der Haustür hatten und durch ihren Handel mit Venedig die notwendigen Gewürze beziehen konnten. Die Lebkuchen waren so begehrt, dass sich eigene Lebzelter-Zünfte gegen das Bäcker- und Zuckerbäckerhandwerk abgrenzten. Die prachtvollen Bildmotive auf den Lebkuchen förderten noch ein weiteres Gewerbe, nämlich das der Formenstecher, von deren Kunstsinn und Fantasie heute noch viele schöne Model aus Ton und Holz zeugen.

SPEKULATIUS

ZUTATEN

500 g Mehl
1 TL Backpulver
250 g Zucker
2 Pck. Vanillezucker
2 Eier
1/2 TL Zimt
1 Msp. Nelken
1 Msp. Kardamom
1 TL Kakao
abgeriebene Schale 1/2
unbehandelten Zitrone
150 g Mandeln, gerieben
250 g Butter

Mehl und Backpulver mischen, auf ein Backbrett geben und in die Mitte eine Vertiefung eindrücken. Dort hinein Zucker, Vanillezucker, Eier, Gewürze, Kakao und die Zitronenschale geben. Das Ganze zu einem Brei vermischen, in den man die Mandeln und klein geschnittene Butter gibt. Alles schnell zu einem geschmeidigen Teig verkneten, der etwa 30 Minuten kühl gestellt wird. Dann den Teig messerrückendick ausrollen und beliebige Formen ausstechen oder bemehlte Spekulatiusformen in den Teig drücken. Auf einem gefetteten und bemehlten Blech bei 200 °C etwa 15 Minuten goldbraun backen.

Christstollen

Der »Hit« sächsischer Backkunst ist sicher der in aller Welt begehrte Christstollen. Der leckere Stollen sollte mindestens drei Wochen vor Weihnachten gebacken werden. In Alufolie verpackt und kühl gelagert entwickelt er dann bis zum Fest sein volles Aroma. Vor dem Anschneiden nochmals mit Puderzucker bestäuben.

Überliefert ist er in der Urform schon seit dem 14. Jahrhundert. Ursprünglich war er ein – für die damalige Zeit durchaus luxuriöses – Weißbrot, das durch immer mehr Zutaten immer gehaltvoller wurde. Das Café Kreutzkamm, das jährlich immerhin 90.000 Stollen in mehr als 100 Länder liefert, hat uns eines seiner Rezepte verraten, und wir sind stolz darauf, denn es hat uns nicht wenig Überredungskunst abverlangt.

DRESDNER CHRISTSTOLLEN

ZUTATEN

650 g Mehl
40 g Hefe
80 g Zucker
175 ml lauwarme Milch
280 g weiche Butter
abgeriebene Schale
1 unbehandelten Zitrone
1 Pr. Salz
50 g Marzipanrohmasse
600 g Rosinen
75 g Zitronat
20 g Orangeat
Bittermandelaroma
1 Vanilleschote
Zimt
Muskat
Nelken, gemahlen
Koriander, gemahlen
100 g zerlassene Butter
100 g Puderzucker

Das Mehl in eine große Schüssel sieben, in die Mitte eine Mulde drücken. Die Hefe in die Vertiefung bröckeln und mit 2 TL Zucker und 4 EL Milch zu einem Vorteig verrühren. Mit einem Tuch zugedeckt an einem warmen Platz 15 Minuten gehen lassen. Den restlichen Zucker, die restliche Milch, Butter, Zitronenschale und das Salz dazugeben. Die Marzipanrohmasse hineinbröckeln. Alles gut verkneten und so lange schlagen, bis der Teig sich vom Schüsselrand löst und Blasen wirft. Den Teig an einem warmen Platz etwa 40 Minuten gehen lassen, bis er das doppelte Volumen erreicht hat.

Die Rosinen in lauwarmem Wasser waschen, abtropfen lassen, mit Küchenkrepp trocken tupfen und leicht bemehlen. Zitronat, Orangeat und die anderen Würzzutaten einmengen. Die Früchtemischung unter den Hefeteig kneten und den Stollenteig nochmals 30 Minuten zugedeckt gehen lassen.

Das Backblech einfetten. Den Backofen auf 200 °C vorheizen. Aus dem Teig zwei etwa 5 cm dicke ovale Rollen formen. Diese Rollen der Länge nach mit einem dicken Holzlöffelstiel so eindrücken, dass eine Seite zwei Drittel, die andere ein Drittel Teigbreite ergibt. Die schmalen Seiten mit dem Nudelholz etwas ausrollen. In die Mitte der breiten Seiten mit dem Holz eine Vertiefung drücken und die schmalen Seiten so einschlagen, dass die Endkanten in den Vertiefungen liegen. Bei dem Arbeitsvorgang möglichst kein Mehl mehr verwenden, es macht den Teig brüchig. Die Stollen mit genügend Abstand voneinander auf das Backblech legen und auf die mittlere Schiene des Backofens schieben. Die Stollen etwa 75 Minuten bei 200 °C backen. Mit einem Holzspießchen die Garprobe machen. Die Stollen noch heiß mit der zerlassenen Butter bestreichen und mit dem Puderzucker besieben. Diesen Vorgang ein- bis zweimal wiederholen, damit die »Kruste« schön fest wird.

Der Stutenkerl

Das Entzücken der Kinder in Westfalen ist ein Gebildebrot aus süßem Stutenteig mit Rosinen als Augen und der heiß begehrten weißen Tonpfeife. Im Münsterland wuchsen die süßen Kerle bis zu einem halben Meter hoch. Der Beschenkte hängte ihn an die Wand und brach immer ein Stück ab. Meist wurde der letzte Teil trocken, und so sagt man von Trockengebäck, es sei »so drüg, äs Sünteklaos Äß«. Der »Stutenkäl« löste viele lokale Varianten ab: So gab es im Siegerland etwa handgroße Hasen, Reiter oder Brezeln, auch Hühner und Enten waren in einigen Teilen Westfalens verbreitet.

Printen

Printenformen aus alter Zeit beweisen, dass die Printen früher nicht nur die einfachen braunen Knüppel waren, wie man sie heutzutage kaufen kann. Printenbilder waren in den alten Zeiten eine »gebackene Illustrierte«, wie die Kochbuchautorin Eve Marie Helm sie nennt. Die geformten Printen kommentierten wichtige Ereignisse ihrer Zeit. Die ältesten Printenformen sind Steinmodel aus Graphit, von denen eine die Jahreszahl 1493 trägt. Nach volkskundlichen Recherchen soll die Printe aber noch viel älter und ursprünglich ein heidnisches Neujahrsgebäck gewesen sein.

Der Printenteig für die Bildbrote durfte keinen Trieb und vor allem keinen Nachtrieb haben, da sonst das Printenbild unweigerlich in die Breite gegangen und verschwommen wäre. Nach Aussagen eines alten

WECKMÄNNCHEN ODER STUTENKERL

ZUTATEN

300 g Mehl
25 g Hefe
1/8 l lauwarme Milch
80 g Zucker
1 Pr. Salz
80 g weiche Butter
2 Eigelb
1 Msp. Safran
1 Eigelb zum Bestreichen
Korinthen und Tonpfeifen zum Verzieren

Aus den Zutaten einen Hefeteig kneten. Den Teig gehen lassen, dann ausrollen und Männerfiguren ausschneiden.

Nach altem Brauch werden die Figuren aus einem ovalen Stück Teig geformt. Mit drei Messerschnitten entstehen Beine und Arme. Die Figuren auf ein Backblech legen und mit Eigelb bestreichen. Korinthen als Augen und Knöpfe sowie eine Tonpfeife eindrücken. Noch 15 Minuten gehen lassen, dann bei 210 °C 10 bis 15 Minuten hellbraun backen.

Printenbäckers, die in dem Aufsatz über die »Aachener Printen« von Will Hermanns nachzulesen sind, wurden die Bildprinten früher auch auf andere Weise hergestellt als heute. Es gab einen mit Honig oder Sirup hergestellten Teig, der die Form ganz exakt wiedergab. Dieser Teig war sehr mager, das heißt mehlreich, und von weißer Farbe. Diese so genannten »Dinang-Printen« wurden im Backofen, der nur an einer Seite ein Eichenholzfeuer hatte, so lange geflammt (am Feuer vorbeibewegt), bis die Printen ihre schöne, goldbraune Farbe hatten.

Der Printenteig musste übrigens, wie auch der Lebkuchen- und Honigkuchenteig, sehr lange ausreifen. Es war durchaus üblich, dass er bis zu seiner Verwendung ein Jahr im kühlen Keller lagerte. Dann war er allerdings so hart geworden, dass man ihn nur mit speziellen Eisenschaufeln auseinanderbrechen konnte. Für diese Schwerstarbeit stellte man oft Männer ein, die im Winter arbeitslos waren, wie zum Beispiel Maurer und Pflasterer.

Die alten Rezepte wurden unbrauchbar, als Napoleons Kontinentalsperre 1806 die Einfuhr von Rohrzucker unterband, aus dem der Sirup hergestellt wurde. Nun mischte man heimischen Rübenzucker unter den Teig, der dadurch aber seine Schmiegsamkeit verlor und beim Backen die Form nicht behielt. So kam es zu den gröberen Formen, die heute noch vorwiegend üblich sind: aus der Teigplatte gestanzte oder geschnittene Herzen, Sterne oder Reiter. Von diesen einfachen Bildprinten bis zur ganz bildlos gewordenen Schnittprinte war es dann nur noch ein kleiner Schritt.

An den Tagen zwischen den Jahren, den »Hellge Doage« zwischen Heiligabend und Dreikönig, besuchte man sich in Westfalen gegenseitig, aß Kuchen und erzählte sich vorzugsweise Schauergeschichten. Die Handwerker kamen in einigen Teilen Westfalens noch bis in die 60er Jahre des 20. Jahrhunderts in diesen Tagen zu den Bauern, um ihre Jahresrechnung zu kassieren, was natürlich auch nicht ohne eine kräftige Mahlzeit zumeist mit einer gehörigen Anzahl von »Kloaren« abging.

Die »Mettensau« oder der »Weihnachter« musste schwer und fett sein, und so brauchte man viel Braten, Kesselfleisch, Speck, Mettenblunzen oder Röslwürst (Blutwurst) mit reichlich Speckstückchen und Leberwürste für die Familie und die Nachbarn, die Paten, die ärmeren Verwandten, die Sternsinger, Anklopfer und Frauentrager.

In seiner herzhaften und deutlichen Art nennt der Westfale – besonders der evangelische – den Heiligen Abend »Dickbuuksabend«, »Vullbuksawend« oder »Dickefrätersabend«. Gegessen wurde früher ein ordentlicher Braten, meist vom Schwein, dazu »Groine Bohn'n,

AACHENER PRINTEN

Zutaten

500 g Bienenhonig
500 g brauner Kandis, zerstoßen
1 kg Mehl
10 g Zimt
5 g Nelken, gemahlen
5 g Kardamom
1 Pr. Salz
4-5 EL Wasser
20 g Pottasche

Den Honig auf kleiner Flamme erhitzen, Kandis hineingeben und etwas abkühlen lassen. Mehl mit Zimt, Nelken und Kardamom mischen, über die Honig-Kandismasse sieben und Salz dazugeben. Anfangs verrühren und zum Schluss mit in Wasser angerührter Pottasche zu einem festen Teig verkneten. Einen Tag zugedeckt ruhen lassen. Auf einem bemehlten Brett 2 bis 3 mm dick ausrollen und in 8 mal 2 cm breite Streifen schneiden. In weitem Abstand voneinander auf ein gefettetes Backblech legen. Im vorgeheizten Ofen bei 180 °C etwa 15 Minuten backen. Nach Belieben mit Schokolade überziehen.

BAUMKUCHENTORTE

ZUTATEN

250 g weiche Butter
250 g Zucker
1 Pck. Vanillinzucker
6 Eier
2 EL Rum
185 g Mehl
70 g Speisestärke
1 TL Backpulver
1 Pr. Salz

FÜR DIE GLASUR

200 g Puderzucker
2 EL Zitronensaft

Die Butter mit dem Zucker und dem Vanillinzucker cremig rühren, bis der Zucker ganz aufgelöst ist. 3 Eier trennen. Das Eigelb und 3 ganze Eier nach und nach in die Crememasse rühren. Den Rum hinzufügen. Das Mehl mit der Speisestärke und dem Backpulver sieben und esslöffelweise unterrühren. Backpapier einfetten und eine Springform damit auslegen. Den Backofen auf 200 °C vorheizen. Das Eiweiß mit dem Salz zu steifem Schnee schlagen und unter den Teig heben. 3 EL Teig in die Form füllen, die Oberfläche glatt streichen. Im Ofen auf mittlerer Schiene in etwa 8 Minuten hellgelb backen. Auf den gebackenen Kuchenboden 2 EL Teig streichen und wieder goldgelb backen. So fortfahren, bis der Teig aufgebraucht ist. Es entstehen 8 bis 9 Teigschichten. Den Kuchen auf ein Kuchengitter stürzen und erkalten lassen. Den Puderzucker mit dem Zitronensaft glatt rühren und die Torte damit überziehen. Erst wenn die Glasur ganz fest geworden ist, die Torte mit einem in heißes Wasser getauchten Messer in 16 Stücke teilen.

oller Kummst uut'n Potte (Sauerkraut) un Kantüfft'n«, berichtet ein älterer Landwirt aus dem Kreis Minden-Lübbecke. Frisches Fleisch gab es zu Weihnachten ausnahmsweise reichlich, das meist am Montag nach dem ersten Advent geschlachtet worden war, damit Weihnachten auch »Flesk im Pott« war.

Nach dem Kirchgang am Ersten Weihnachtstag stand oft eine münsterländische Spezialität auf dem Tisch: gepökelter und geräucherter Schweinskopf. Ebenso beliebt war ein Stück gekochter Schinken.

Sonst gab es an Weihnachten ein normales Festtagsessen: Grünkohl oder Sauerkraut mit Mettwurst, oder – je nach Jagdglück – auch mal ein Stück Wild. Erst um 1900 kamen die auch heute noch beliebten Weihnachtsessen auf die westfälische Speisekarte: Gans, Truthahn und Karpfen. Den ersten Wandel im weihnachtlichen Brauchtum hatten – meist evangelische – preußische Beamte nach 1815 ins katholische Westfalen gebracht, zusammen mit dem Adventskranz, dem Weihnachtsbaum und der Ausrichtung des Weihnachtsfestes auf Familie und Kinder. Dann kamen die im Ruhrgebiet angesiedelten Arbeiter aus Polen und Schlesien, denen der Karpfen die Lebkuchensauce verdankt. Sie alle haben ihre weihnachtlichen Traditionen mitgebracht und den westfälischen Speisezettel bereichert.

Prügelkrapfen

Der Prügelkrapfen gehört in eine Reihe altüberlieferter Gebäcke oder Gebäcktürme, die in vielen Gegenden Europas zur Weihnachtszeit üblich sind. Sie alle drücken den Wunsch nach Fülle, Segen und Glück aus. In Deutschland ist diese Gebäckart unter dem Namen »Baumkuchen« bereits seit dem Kochbuch des Churmainz'schen Küchenmeisters Rumpolt aus dem Jahr 1581 bekannt.

Ein richtiger Baumkuchen ist von Laien nicht zu backen, weil man einen speziellen Ofen dafür benötigt. Wir haben für Sie ein Rezept für eine Baumkuchentorte (links), die Ihnen eine Ahnung von diesem delikaten Gebäck auf den Tisch zaubert.

FRAUENCHIEMSEE ABTEI FRAUENWÖRTH

Die Anmut der Fraueninsel ist vielfach belegt. Es empfiehlt sich ein Besuch im Frühherbst, denn das Touristentreiben hat sich dann gelichtet. Die Insel verströmt einen ganz besonderen Charme, der dem örtlichen, traditionell konservativen Lebensstil entspricht. Die Anmutige nennt sich »Frauenchiemsee« oder einfach »Fraueninsel«. Mit nur 14 Hektar Fläche ist die autofreie Insel im oberbayrischen Chiemsee ein kleines Fleckchen heiler Welt. Die Fraueninsel ist nicht nur wegen ihrer bis ins frühe Mittelalter zurückreichenden Geschichte ein prominentes Reiseziel, sondern auch wegen ihrer Nachbarin, der »Herreninsel«. Das weit größere, bewaldete Eiland zehrt von einem Mythos: dem tragischen Leben und der Baulust des Bayernkönigs Ludwig II. Der Exzentriker ließ 1878 hier die Versailles-Kopie Schloss Herrenchiemsee erbauen. Zu groß, zu luxuriös, zu teuer geriet das Bauprojekt und dass der »Märchenkönig« in dem Prunkbau insgesamt nur neun Tage nächtigte und bei der Ausstattung der Innenräume nicht mit Superlativen geizte, verschlägt den Besuchern heute die Sprache.

Die Nonnen der Abtei Frauenwörth pflegen beharrlich ihre Geschichte und ihren eigenen Mythos: das Leben und Werk der seligen Äbtissin Irmengard. Das Kloster auf Frauenchiemsee blieb dank seiner Lage vor den Verwüstungen bewahrt, unter denen im Zuge der Säkularisation beinahe alle bayerischen Klöster zu leiden hatten. Allerdings wurde auch diese Abtei 1802 aufgehoben, und die Nonnen mussten die Insel verlassen. Gut 30 Jahre später kehrten fünf Schwestern zurück; sie errichteten zunächst ein Priorat und dann eine Schule. Die Klosteranlage bewahrt einige der Hauptzeugnisse der Bildkunst des mittelalterlichen Deutschlands. Hinter der Klosteranlage versteckt sich das Inseldorf. Längst vorbei sind die Zeiten, in denen die Bewohner für den Klosterbetrieb tätig waren: Schlosser, Maurer, Gärtner, Metzger, Bäcker und Fischer lebten auf dem Eiland.

Seit 1997 steht Priorin Benedikta dem Nonnenstift vor. Mit ihr verbindet sich eine neue Ausrichtung der Nutzung der Klosteranlagen: Pragmatisch überlegt und betriebswirtschaftlich durchdacht haben die Schwestern einen Neuanfang gewagt. Im Rahmen von Manager-Seminaren, medizinischer Weiterbildung oder Kreativ-Workshops können Besucher in der von Stille geprägten Atmosphäre des historischen Stiftes Motivation schöpfen. Aber auch wer innere Einkehr sucht, findet Aufnahme im Gästehaus.

MARZIPAN

ZUTATEN FÜR ETWA 400 g

200 g Mandeln, abgezogen und fein gemahlen
10 bittere Mandeln, gemahlen
200 g Puderzucker
etwas Rosenwasser oder Himbeergeist
nach Belieben abgeriebene Schale 1 Zitrone
1 Pr. Piment oder Vanilleessenz

Die Herstellung von Marzipan ist problemlos. Es sollten aber nur sehr frische Mandeln verwandt werden. Mandeln enthalten wie Nüsse aromatisches Öl, das bei langem Lagern ranzig wird. Je feiner das Mandelmehl, desto glatter und schmackhafter wird das Endprodukt. Mandelmühlen arbeiten zu grob. Auch die fertig gemahlenen Mandeln sollten daher im Mixer noch einmal fein gemahlen werden. Wer keinen Puderzucker hat, gibt Zucker und Mandeln gleichzeitig in den Mixer. Das ergibt ein besonders gutes und glattes Ergebnis. Dieses Mandelschrotmehl reibt man, befeuchtet mit etwas Rosenwasser oder Himbeergeist, im Mörser so fein, wie man es braucht. Das Rosenwasser bekommt man in der Apotheke.

Alle angegebenen Zutaten in einer Schüssel vermengen und gut verkneten. Auf eine Marmor- oder Arbeitsplatte stürzen und weiter kneten, bis ein glatter sanfter Teig entsteht. Zu einer Kugel formen und in Puderzucker wälzen, über Nacht ziehen lassen. Bei der Weiterverarbeitung gibt es mehrere Möglichkeiten: Man kann z.B. den Marzipanteig auf Puderzucker ausrollen und ausstechen oder zu Figuren kneten. Den Ofen auf 100 bis 120 °C vorheizen, die Figuren auf Backpapier aufs Backblech legen und 20 bis 30 Minuten trocknen lassen. Oder aber unter einem vorgeheizten Grill bei 250 °C 3 bis 4 Minuten überbacken, so dass das klassische Königsberger Marzipan entsteht. Es wird kräftiger mit Bittermandeln oder Bittermandelöl gewürzt.

Mit den verschiedenen Gewürzen wie Zimt, Kardamom und Piment, Pistazien, Zitronat, kandierten Pomeranzenschalen und Ingwer oder mit einem Zuckerguss überzogen, kann man unterschiedliche Varianten kreieren. Außerdem lässt sich das Rosenwasser durch Kirschwasser, Himbeergeist, Maraschino oder Rum ersetzen. Der Fantasie sind keine Grenzen gesetzt.

24./25. DEZEMBER WEIHNACHTEN

DAS CHRISTFEST WURDE EINST VÖLLIG ANDERS BEGANGEN als unser heutiges Weihnachten, vor allem ohne den vorfeiertäglichen Rummel auf allen Straßen, dem Geschenkzwang und dem Glitzergaudi. Weihnachten war ein stilles, bescheidenes häusliches Fest.

Der 24. Dezember oder Heiligabend war ein gewöhnlicher Werktag; erst gegen Abend wurden die Straßen leerer, letzte Vorbereitungen wurden getroffen. Da noch Fastenzeit war, hatte das Mittagessen keine Bedeutung, auch für den Abend hatten die wenigsten Hausfrauen viel Zeit und überdies begann der kulinarische Festkreis erst nach der Mitternachtsmette. Sie war, besonders auf dem Land, der offizielle Abschluss des großen Adventfastens und der Anfang der nunmehr einsetzenden, mehrtägigen festlichen Üppigkeit.

Die alte Weihnachtssitte, sich hauptsächlich Essbares zu schenken, wurde etwa bis zum Ersten Weltkrieg überall eingehalten. Von der Münchner Hofküche gingen seit Alters her gefüllte und festlich gezierte Wildschweinköpfe aus der eigenen Jagdbeute hinaus, während Dresden Christstollen, Coburg Schmätzchen, Stuttgart Springerle, Hessen Frankfurter Brenten, Nürnberg Lebkuchen und die Hansestädte Marzipan versandten. In bürgerlichen Häusern waren gleichfalls Marzipan und Quittenpasten, selbstangesetzte Liköre und Würste, Gänseleberpasteten, Truthähne und Ähnliches begehrte gegenseitige Geschenke. Man hat aber auch die Armen nicht vergessen und übergroße Spendwecken oder Kletzenbrot auch an Nachbar- oder Waisenkinder verschenkt.

Der Christbaum, erst etwa 150 Jahre alt, hatte seine Vorläufer in aufgehängten Zweigen oder hölzernen Tischpyramiden, die mit Äpfeln und Wachskerzen versehen waren. Natürlich waren der nächtliche Gang zur oft weit entfernten Kirche, das flackernde Licht der Laternen, die Kälte und die hell erleuchtete, weihrauchduftende Kirche sehr eindrucksvoll und deshalb ein stimmungsvoller Höhepunkt. Die Weihnachtsmette fand einst am Abend statt. So erklärt sich auch, dass sich nach der Mette im Wirtshaus traf, wer nicht zum Feiermahl nach Hause eilte. Da ging es dann hoch her, und da man ja bis zum Beginn des Gottesdienstes streng gefastet hatte, mag oft genug auch über die Stränge geschlagen worden und der sprichwörtliche »Mettenlärm« wenig feierlich und weihnachtlich gewesen sein.

WEIHNACHTEN IST EIN FEST FÜR FEINSCHMECKER, und immer isst man zu viel. Wie gut, dass sich die Mönche aus allerlei Kräutern Getränke für vor und nach dem Essen ausgedacht haben. So sollte die weihnachtliche Prasserei ohne Schaden verlaufen. Vor dem Essen gibt es den Artischocken-Trunk aus dem Kräutergarten des Klosters Beuron. Die Blätter der Artischocke enthalten Bitterstoffe, die besonders die Gallensekretion anregen und damit einer guten Verdauung verhelfen. Die Mönche empfehlen ein Likörglas vor dem Essen.

Als Vorspeise gibt es einen winterlichen Salat:

RADICCHIO-SELLERIE-SALAT MIT MANDARINEN UND WALNÜSSEN

ZUTATEN
- 1/2 Sellerieknolle
- Zitronensaft
- 2 Radicchiostauden
- 2 Mandarinen
- 50 g Walnusskerne
- 1 Becher Joghurt
- 2 EL saure Sahne
- 1 EL Honig
- 1/2 TL süßer Senf

Den Sellerie fein raspeln und sofort mit etwas Zitronensaft beträufeln. Den Radicchio unter fließendem kalten Wasser waschen, die Blätter lösen und in mundgerechte Stücke reißen (nicht schneiden!). Mit Haushaltspapier trocken tupfen. Mandarinen schälen, entkernen, in Spalten aufteilen. Spalten halbieren. Walnüsse grob hacken. Einige zum Garnieren aufheben. Joghurt, Sahne, Honig, Zitronensaft und Senf zu einer glatten Marinade verrühren. Gut abschmecken. Mit Sellerie, Mandarinenstückchen und Nüssen vermischen. Kurz vor dem Servieren die Radicchioblätter unterheben und den Salat mit halben Walnusskernen garnieren.

Für strenge Faster und Fischliebhaber:

KARPFEN POLNISCH

Kartoffeln schälen, vierteln und in Salzwasser weich kochen. Den Karpfen waschen, trocken tupfen und filetieren. Die Filets häuten. Die Gräten klein hacken. Die Zwiebel schälen und in Scheiben schneiden, ebenso die Karotte. Die Schale der Zitrone zur Hälfte dünn abschälen und in feine Streifen schneiden. Die Zwiebel und Karottenscheiben mit etwas Butter und den gehackten Gräten in einem genügend großen Topf anschwitzen und mit Braunbier ablöschen. Knoblauch, Piment, Zimt, Nelke, Lorbeerblatt, Zitronenschale und Pfeffer zugeben. Den Lebkuchen zerbröseln und untermischen. Alles 10 Minuten durchkochen, dann die Sauce durch ein Sieb passieren und mit Salz, Pfeffer und Zitronensaft abschmecken. Die Sauce mit einer kalten Butterflocke binden, Petersilie untermischen und warm halten. Die Karpfenfilets mit Salz und Pfeffer würzen und in einer Pfanne mit Butter von beiden Seiten drei Minuten anbraten. Die Filets mit der Sauce anrichten und mit Salzkartoffeln servieren. Dazu passt ein kühles Bier, etwa das naturtrübe Dinkelbier nach dem Rezept des Benediktinerklosters Plankstetten.

ZUTATEN

4 Kartoffeln
1 Karpfen (etwa 800 g)
1 Zwiebel
1 Karotte
1 Zitrone, unbehandelt
etwas Butter
400 ml Braunbier
(z.B. Andechser Bock dunkel)
1 Knoblauchzehe
1/2 TL Piment
1 Msp. Zimt
1 Nelke
1 Lorbeerblatt
Pfeffer
40 g Lebkuchen ohne Zuckerguss
2 EL Petersilie, fein geschnitten
Salz

REHKEULE MIT HAGEBUTTENSAUCE

ZUTATEN
- 1 kg Rehkeule
- Salz, Pfeffer
- 2 EL Butterschmalz
- 100 g fetter Speck
- 1 Bd. Suppengrün
- 3 Pimentkörner
- 5 Pfefferkörner
- 5 Wacholderbeeren
- etwas Wasser
- 1 Glas Wildfond
- 2 EL Saucenbinder, dunkel
- 3 EL Schmand
- 1/2 EL Hagebuttenmarmelade

Rehkeule vom Fleischer entbeinen lassen, mit Salz und Pfeffer würzen. Die klein gehackten Knochen in einem Bräter in Butterschmalz kräftig anbraten, anschließend das gewürzte Fleisch. Mit Speck belegen. Suppengrün putzen, waschen, klein schneiden und zu dem Fleisch in den Bräter geben. Piment- und Pfefferkörner sowie Wacholderbeeren im Mörser zerkleinern und dazugeben, bei mittlerer Hitze im Backofen 20 Minuten braten. Wasser seitlich angießen und weitere 45 Minuten braten. Fleisch herausnehmen und kurz ruhen lassen. In der Zwischenzeit die Bratflüssigkeit durch ein Sieb gießen und mit Wildfond vermischen. Nach Geschmack mit Saucenbinder und Schmand binden. Mit Hagebuttenmarmelade abschmecken. Den Speck vom Fleisch entfernen. Dann den Braten aufschneiden und mit der Sauce servieren. Dazu schmecken Kartoffeln oder Kartoffelknödel.

PERFEKT FÜR DIE KLEINE FAMILIE:

ENTE MIT ORANGEN-ROTKOHL

ZUTATEN
- 1 Ente, küchenfertig (ca. 2 kg)
- Salz, Pfeffer
- 1-2 TL Thymian, getrocknet
- 3/8 l Geflügelfond
- 800 g kleine Kartoffeln
- 1 kg Rotkohl
- 100 ml Balsamico-Essig
- 1 Zwiebel
- 3 EL Butter
- 200 ml Rotwein
- 100 ml Brühe (evtl. Instant)
- 2 Nelken
- 4 Orangen
- 2 EL Honig
- 2 EL Zucker

Backofen auf 225 °C vorheizen. Ente waschen, trocken tupfen, innen und außen salzen und pfeffern, innen mit etwas Thymian einreiben. In einem Bräter im Ofen insgesamt etwa 90 Minuten braten (Gas: Stufe 4), dabei nach und nach den Fond angießen. Kartoffeln als Pellkartoffeln garen. Rotkohl fein hobeln, mit Salz und Essig etwa 30 Minuten marinieren. Zwiebel abziehen, klein schneiden, in 1 EL Butter andünsten. Rotkohl darin anschmoren. Wein und Brühe angießen, Nelken dazugeben und etwa 30 Minuten im geschlossenen Topf garen. Den Saft einer Orange auspressen, übrige Orangen schälen, in Scheiben schneiden und halbieren. Rotkohl mit etwas Orangensaft abschmecken. Honig mit etwas warmem Wasser verrühren. Ente 10 Minuten vor dem Ende der Garzeit damit bestreichen, zu Ende braten. Aus dem Ofen nehmen, warm stellen. Sauce entfetten, durch ein Sieb gießen, mit dem übrigen Orangensaft aufkochen, einköcheln, mit Salz, Pfeffer und Thymian abschmecken, einige Orangenscheiben einlegen. Zucker mit der übrigen Butter in einer Pfanne karamellisieren, die Kartoffeln darin schwenken. Übrige Orangen unter den Rotkohl heben. Ente mit Kartoffeln, Rotkohl, Sauce und Orangen anrichten.

UND ZUM NACHTISCH GIBT ES:

BACKÄPFEL MIT ZIMT

ZUTATEN

Pro Person 1 aromatischer Apfel
60 g Butter
3 EL Zucker
1 TL Zimt

Den Ofen auf 80 °C vorheizen. Die Äpfel waschen, abtrocknen und mit einem Apfelausstecher Stiele und Kerngehäuse entfernen. Butter, Zucker und Zimt zu einer homogenen Masse verarbeiten und die vorbereiteten Äpfel damit füllen. Die gefüllten Äpfel auf ein eingefettetes Backblech setzen und 3 Stunden im Ofen dörren. Dabei verdunstet ein Großteil ihrer Flüssigkeit, die Haut wird schrumpelig, und das Aroma konzentriert sich. Die Backäpfel halten sich an einem kühlen Ort 2 bis 3 Tage. Vor dem Servieren kann man sie wieder etwas erwärmen. Dazu passt eine Englische Creme mit Zimt. Birnen, Pfirsiche und Aprikosen lassen sich auf dieselbe Weise zubereiten.

Der Gebrauch von Zimt war während des gesamten Mittelalters weit verbreitet. Er wurde ganz unterschiedlich verwendet: in Pulverform als Würzmittel, in Duftessenzen, in Weingeist und in Eau-de-Vie (französisch für Lebenswasser, Destillat). »Zimt stärkt Magen und Herz, lindert den Bauchschmerz und fördert die Verdauung«, hieß es in den klugen Klosterbüchern.

27. DEZEMBER JOHANNISTAG

ES GIBT EINEN WINTER- und einen Sommer-Johannes und beide waren Heilige und hochgeschätzte Patrone. Den Gedenktag an Johannes den Täufer feiern wir am 24. Juni. Der Evangelist Johannes ist als Lieblingsjünger Jesu sehr stark ins Volksbewusstsein eingegangen, auch wenn dies kaum noch in Erscheinung tritt. Zunächst trank man an seinem Tag die allseits beliebte Johannisminne und wünschte sich bei einem Glas Wein oder Most gegenseitig Glück und Segen. Der Johanniswein wurde dazu eigens in der Kirche beim Gottesdienst geweiht und danach vom Küster in der Sakristei verkauft. Einen Rest davon hat man in die Weinfässer zurückgegossen, damit sich der Segen ausbreiten konnte. Von diesem durch Johannes besonders behüteten Wein kostete man dann am Abend einen Schluck oder trank ihn an Silvester. Stets aber wurde etwas im Hause behalten, damit Brautleute sich zur Verlobung damit zuprosten oder Kranke sich daran laben konnten.

Und noch ein Schnäpschen gegen allzu reichliches Essen an den vielen winterlichen Feiertagen: Arquebuse, aus der Klosterdestillation St. Joseph in Furth, ist ein reines Kräuterdestillat (50%) aus über 30 Heilpflanzen. Der Ursprung von Arquebuse liegt in einem Maristenkloster in der Nähe von Lyon. Ein Maristen-Mönch und Krankenpfleger entwickelte ihn vor etwa 150 Jahren. Seit 1927 wird er auch in Deutschland hergestellt. Nach fettreichem Essen, zur Unterstützung des Kreislaufs und gegen Erkältung. Kenner genießen diesen Gesundheitstropfen pur oder als Grog, in Kaffee, Tee oder Milch.

31. DEZEMBER SILVESTER

SETZEN SIE DOCH MAL ZU SILVESTER EINE ERFRISCHENDE KLASSISCHE BOWLE AN, SÜSSSAUER UND LEICHT IM GESCHMACK:

KARDINAL

ZUTATEN

1/8 l Wasser
250 g Zucker
3 kernlose Orangen, ungespritzt
3 Flaschen Riesling aus dem Rheingau, halbtrocken
1 Flasche Mineralwasser oder Sekt

Zucker und Wasser aufkochen, vom Feuer nehmen, die Orangenschalen ohne die bitteren weißen Innenseiten 15 Minuten darin ziehen lassen, das Fruchtfleisch der Orangen in Scheiben schneiden, mit dem Zuckerwasser und mit einer Flasche Wein übergießen, kalt stellen. Vor dem Servieren mit dem übrigen Wein auffüllen, je nach Geschmack Mineralwasser oder Sekt hinzufügen.

MIT DER JAHRESWENDE hat der Heilige Silvester nur insofern zu tun, als er am 31. Dezember 355 gestorben sein soll. Die Menschen bewegt seit jeher an diesem Tag die Frage, was das nächste Jahr wohl bringen werde. Darum ist es nur zu naheliegend, dass er ein Los- und Orakeltag geworden ist. Bekannt sind heute noch das Bleigießen, gelegentlich auch das Pantoffelwerfen, das Zaunsteckenzählen und das Schifferspiel. Den Tag über, vor allem von Mittag an, herrscht allerlei traditionelles Tun in Form alter Silvesterbräuche. Im alten München kamen die Buben auf Steckenpferden angeritten, vermummt und angemalt, um nach dem Absingen ihrer Lieder und Verse milde Gaben, etwa Würste, Fleisch oder allerlei Gebäck einzuheimsen. In der Au waren sie als Hexen verkleidet, und sie waren übermütig und sich ihrer Beute sicher, sie wussten ja, dass sich die Spender mit den Geschenken einen guten Ausgang des Jahres sichern wollten. Davon übriggeblieben sind nur noch die üblichen Neujahrstrinkgelder an Postboten, Kaminkehrer und Müllmänner.

Die Speise-Tradition am Silvestertag war von der Glückssymbolik bestimmt. Da spielte vor allem der Fisch eine wichtige Rolle. Wie an Weihnachten Gans oder Truthahn, kam jetzt der Karpfen zu Ehren. Eine große Schuppe davon wurde im Geldbeutel aufbewahrt, damit das Kleingeld das ganze Jahr nicht ausging.

Statt Karpfen kann es auch ein Heringssalat sein, ein Brauch, der sich bis heute erhalten hat, denn »Fisch essen bringt Glück«, und bekämpft hinterher den Kater.

HERINGSSALAT

ZUTATEN

2 gewässerte Salzheringe oder Matjesheringe
1-2 gewürfelte Äpfel
1/4 Knolle Sellerie oder
3 Kartoffeln, gekocht
Essig
Öl oder Mayonnaise
Zucker, Senf
1 Zwiebel, fein gehackt
Sauerrahm nach Geschmack

Fisch in Würfel oder Streifen schneiden. Gewürfelte Äpfel und gekochten Sellerie oder Kartoffeln hinzufügen. Mit den übrigen Zutaten vermischen. Wenn Sie Sauerrahm verwenden möchten, nehmen Sie dafür etwas weniger Öl oder Mayonnaise.

Der Salat kann mit Eiern und Tomaten, Essiggurken oder mit einem Kranz von Rote-Beete-Salat garniert werden.

JANUAR

1 Neujahr/Beschneidung Christi
6 Dreikönigstag, Epiphanias
17 Antonius »Ferkentünnes«
20 Sebastian
23 Mariä Vermählung
25 Pauli Bekehrung
28 Karl der Große
31 Virgilius, Eusebius

Erst seit dem 17. Jahrhundert beginnt das neue Jahr bei uns am 1. Januar. Dieser erste Monat ist nach dem doppelgesichtigen römischen Gott Janus benannt. Davor herrschte Chaos: Die einen richteten sich nach dem alten Kalender und feierten Neujahr am Tag der Heiligen Drei Könige am 6. Januar. Andere sahen in Christi Geburtstag am 24. Dezember den einzig möglichen Jahresbeginn.

Der Brauch, das neue Jahr mit lautem Krach zu begrüßen, ist ein Relikt aus alten Tagen, in denen man noch gezielt gegen böse Geister, Zauber und Magie ankämpfte.

1. JANUAR NEUJAHR

In allen Regionen überbrachte man in früheren Zeiten seine Neujahrswünsche mit dem dazugehörenden Neujahrsgebäck persönlich. Man tauschte Esswaren, wobei heil- und zauberkräftiges Neujahrsgebäck besonders beliebt war. In Oberfranken und im Aachener Land erschienen die Kinder am Neujahrsmorgen bei ihren Taufpaten, um die Neujahrsgeschenke abzuholen oder Glückwünsche auszusprechen. Im Niederbayerischen musste der Neujahrstag möglichst pannenfrei verlaufen. Ausstehende Rechnungen waren zu bezahlen, nichts wurde mehr ver- oder geliehen und nichts verkehrt herum angezogen. Man ließ nichts anbrennen und hoffte auf junge Leute als Gratulanten. Schwarze Katzen sollten alle zuhause bleiben und das Feuer im Herd durfte an Neujahr ebenso wenig ausgehen wie das Geld im Beutel und die Schmalznudeln in der großen Schüssel.In Mitteldeutschland lud sich am Neujahrstag der Nachbar ein. Im Schwarzwald verzehrten die unverheirateten Burschen ihre Neujahrsbrezel im Wirtshaus und sangen dann um Mitternacht das Neue Jahr im Dorf an. Im Rheinland spielten die Männer in der Silvesternacht Karten um gezuckerte Brezeln.

Die Geschichte der Brezel (vielleicht abgeleitet von lateinisch *bracciola* = verschlungene Arme) reicht weit in die Vergangenheit zurück. Wahrscheinlich schon in vorchristlicher Zeit als Opfergebäck hergestellte Salzbrezeln wurden vom Christentum übernommen.

NEUJAHRSBREZEL

Zutaten

350 g Mehl
20 g Hefe, zerbröckelt
1/8 l Milch
50 g flüssige Butter
3 EL saure Sahne
1 Ei
40 g Zucker
1/4 TL Salz
1 Msp. Muskat
abgeriebene Schale
1 unbehandelten Zitrone

Das Mehl in eine Schüssel schütten und in die Mitte eine Vertiefung drücken, in der man die Hefe mit der Milch und etwas Mehl zu einem Vorteig verrührt. Den Teig 15 Minuten gehen lassen. Flüssige Butter, saure Sahne, das Ei, Zucker, Salz, Muskat und die abgeriebene Schale der Zitrone zu dem Vorteig geben und alles zu einem glatten, festen Teig kneten, der an einem warmen Ort weitere 15 Minuten gehen sollte. Anschließend aus dem Teig drei Stränge von je 50 cm Länge rollen, die zu den Enden hin dünner werden. Daraus einen Zopf flechten, zu einer Brezel formen und auf ein gefettetes Backblech legen. Die Brezeln an einem warmen Ort nochmals 20 Minuten gehen lassen, dann die Oberfläche mit Eigelb bestreichen und 25 bis 40 Minuten bei etwa 200 °C backen.

6. JANUAR DREIKÖNIGSFEST

Am Dreikönigsfest, dem 6. Januar, feiert die Kirche das Fest der Erscheinung des Herrn (griech. *Epiphanie*). Im Evangelium des Matthäus heißt es, Magier aus dem Osten – weise Männer mit besonderen Kenntnissen der Astronomie – hätten aufgrund einer bestimmten Sternenkonstellation die Geburt eines Königs erwartet. Sie hätten sich aufgemacht und in Bethlehem das Kind in einer Krippe gefunden. Ihm schenkten sie Gold, Weihrauch und Myrrhe. Ihre Namen waren der Überlieferung zufolge Kaspar, Melchior und Balthasar. Seit 1958 sammeln hierzulande zwischen Neujahr und Dreikönigstag als Könige verkleidete Kinder Spenden für notleidende Kinder in aller Welt. Sie ziehen dabei als »Sternsinger« von Haus zu Haus und schreiben 20 C + M + B plus die beiden letzten Ziffern des Jahres an die Wohnungstüren. Es ist die Abkürzung für *christus mansionem benedicat* (lateinisch für »Christus segne dieses Haus«).

Der Mythos der Heiligen Drei Könige führte zur heutigen Form des Dreikönigstages, wozu auch die Überbringung der Reliquien der Heiligen Drei Könige durch Friedrich Barbarossa bzw. durch seinen Kanzler Reinald von Dassel von Mailand in den Kölner Dom (1165) beigetragen hat. Dort ruhen sie heute noch im Dreikönigsschrein, dem größten erhaltenen Reliquienschrein aus dem Mittelalter (links).

DREIKÖNIGSKUCHEN

Der Dreikönigskuchen ist ein süßes Hefegebäck aus sechs ringförmig um ein zentrales Stück angeordneten Teigstücken. In eines der Teigstücke ist eine Münze, eine Mandel oder Bohne eingeknetet, die den Finder dann zum König für einen Tag macht. Für Deutschland ist ein Bohnenkönig zum ersten Mal 1412 bezeugt. Variationen dieses Brauchs gibt es in ganz Mitteleuropa.

VOLLKORN-DREIKÖNIGSKUCHEN

ZUTATEN

1 Würfel Hefe
150 ml Milch
125 g Butter
500 g Vollkornmehl
1 TL Salz
80 g Honig
2 Eier
100 g Haselnüsse
100 g Rosinen
1 kandierte Kirsche, Mandel oder Nuss
Puderzucker

Die Hefe zerbröckeln und mit einem Esslöffel Milch flüssig rühren. Die Butter in einer Pfanne schmelzen, Milch dazu gießen und die Mischung etwas erwärmen. Das Mehl und das Salz in einer Schüssel mischen und dann die Butter-Milch-Mischung, die angerührte Hefe, den Honig und die verquirlten Eier dazugeben. Die Masse während etwa zehn Minuten zu einem Teig verkneten. Die Haselnüsse grob hacken und zusammen mit den Rosinen unter den Teig kneten. Den Teig zugedeckt an einem warmen Ort auf das Doppelte aufgehen lassen. Aus einem Viertel des Teigs eine Kugel formen und auf ein mit Backtrennpapier belegtes Backblech legen. Aus dem restlichen Teig mehrere kleinere Kugeln formen. In einer der Kugeln eine kandierte Kirsche, Mandel oder Nuss verstecken. Die Teigkugeln dann rings um die bereits auf dem Backblech liegende große Teigkugel anordnen und den Teig nochmals etwa 20 Minuten gehen lassen. In der Zwischenzeit den Ofen auf 200 °C vorheizen. Den Dreikönigskuchen während 30 Minuten goldbraun backen. Danach etwas auskühlen lassen und durch ein Sieb mit Puderzucker bestreuen. Wer die Kirsche, Mandel oder Nuss findet, ist der König.

In Italien gibt es zum 6. Januar einen alten heidnischen Brauch: *La Befana* (Verballhornung von *Epifania*). Eine alte, hässliche Hexe kommt auf einem Besen in die Stadt geflogen und bringt den braven Kindern Geschenke und den nicht so braven Kohle, die heutzutage aus einer schwarz gefärbten Zuckermasse besteht. Die italienischen Kinder erhalten ihre Weihnachtsgeschenke in der Regel erst von der Befana. Traditionell gefeiert wurde das Fest mit großen Straßenumzügen. Meist wird die Befana von einem Mann gespielt – vermutlich, damit sie auch richtig hässlich und ruppig ist. Oft endet der Umzug mit einem großen Feuer, bei dem eine Befana-Puppe verbrannt wird. Die ursprünglich heidnische Gestalt der Befana hat Ähnlichkeit mit *Hekate*, der kleinasiatischen Muttergottheit.

17. JANUAR ANTONIUS

MAN DENKT ZUNÄCHST AN DEN HEILIGEN von Padua, der Verlorenes wieder findet, wenn von Antonius die Rede ist, dabei war der Einsiedler Antonius (geb. um 250 in Ägypten) auch kein Unbekannter. Er wird im Rheinland herzhaft »Schweine-« oder »Ferkentünnes« genannt, und genoss im Mittelalter hohe Verehrung. In Tirol nennt man den Antonius von Ägypten »Fackentoni«, im Münsterland »Swinetöns«. Er ist Patron der Korbmacher und Bürstenbinder, der Totengräber, Metzger und Schweinehirten, der Haustiere (besonders der Schweine) und schützt vor Viehseuchen.

Nach dem Tod seiner wohlhabenden Eltern verschenkte er sein Erbe und zog sich als Einsiedler in die Wüste zurück. Dort soll er im sagenhaften Alter von 105 Jahren gestorben sein. Im Laufe der Jahre entstand um ihn eine Mönchskolonie und so wurde die bis dahin unbekannte Lebensform der Einsiedlergemeinde begründet. Der Antoniterorden hat sich nach zahlreichen Reformversuchen im Jahr 1776 den Johannitern angeschlossen.

SCHWEINEBRATEN

ZUTATEN

1 1/2 kg Schweineschulter mit Schwarte
1 TL weißer Pfeffer, grob gemahlen
2 TL Salz
3 Knoblauchzehen
2 Lorbeerblätter
1 Rosmarinzweig
2 Möhren
1/2 Sellerieknolle
1 Zwiebel
2 Salbeiblätter
2 Nelken
1/4 l dunkles Bockbier
2 EL saure Sahne

Fleisch waschen und abtrocknen, die Schwarte rautenförmig aufschneiden. Pfeffer, Salz, den gepressten Knoblauch, eines der Lorbeerblätter und den Rosmarinzweig hacken und alles zu einer Paste vermischen, das Fleisch damit einreiben und 30 Minuten einziehen lassen. Möhren und Sellerie klein schneiden, Zwiebel pellen. Fleisch mit Zwiebel, Sellerie, Möhren, Lorbeerblatt, Salbei und Nelken in eine eingefettete Bratpfanne legen und in den auf 220 °C vorgeheizten Backofen schieben. Nach einer halben Stunde auf 150 °C reduzieren. Zwei Stunden garen und den Braten von Zeit zu Zeit mit Bier übergießen. Das Fleisch aus der Sauce nehmen, Flüssigkeit durchsieben und aufkochen, evtl. etwas reduzieren und mit saurer Sahne abrunden. Dazu passen Klöße und Salat.

KLOSTER AUF ZEIT

WINTERLICHER SALAT MIT DATTELN UND SPROSSEN

ZUTATEN FÜR DAS DRESSING

60 g Sauerrahm
8 EL Gemüsebrühe, Milch oder Weißwein
1 EL Weißweinessig
1 Knoblauchzehe
1 TL mittelscharfer Senf
1/2 Bd. Schnittlauch
1/4 TL Meersalz
Pfeffer
Paprikapulver

FÜR DEN SALAT

80 g Feldsalat
100 g Endivie
80 g Radicchio
80 g Karotten
6-8 Datteln
4 EL Sprossen (Radieschen, Rettich, Sonnenblumenkerne, usw.)

Für das Dressing Sauerrahm, Gemüsebrühe, Milch oder Weißwein, Weißweinessig, geschnittenen Knoblauch, Senf und Schnittlauch verrühren und mit Meersalz, Pfeffer und Paprikapulver abschmecken. Den Feldsalat putzen und so lange waschen, bis kein Sand mehr am Schüsselboden zurückbleibt. Die Endivien und den Radicchio ebenfalls putzen und waschen. Die Karotten abbürsten und raspeln. Die Datteln in dünne Streifen schneiden. Die Sprossen abspülen und gut abtropfen lassen. Den vorbereiteten Salat auf einem Teller anrichten, Dressing darüber gießen und mit Dattelstreifen und Sprossen garnieren.

VERGESST DIE GASTFREUNDSCHAFT NICHT, denn durch sie haben einige, ohne es zu ahnen, Engel beherbergt. (Hebräerbrief 13,2)

Viele Menschen suchen im Kloster – vor allem nach Tagen des Überflusses wie den Weihnachtstagen und kurz bevor Prinz Karneval ausgelassen das Zepter schwingt – einen Ort der Stille. Einige Klöster bieten einen Klosteraufenthalt auf Zeit an. Der eine will nur ein paar Tage die Seele baumeln lassen, ein anderer sucht in einer Lebenskrise neue Orientierung und nutzt das Angebot zu intensiven seelsorglichen Gesprächen. Wer über etwas Wichtiges im Leben nachdenken will, sollte sich mindestens zehn Tage gönnen, empfehlen regelmäßige Besucher. Denn in den ersten beiden Tagen würden die Sorgen oft noch schlimmer, weil man nicht mehr abgelenkt wird. Dann aber kehre Ruhe ein. Perspektiven ändern sich, Prioritäten rücken zurecht. Ruhe ist das vielleicht auffälligste Angebot des Klosters. Fast jeder Gast im Kloster lobt diese Stille.

Die Teilnahme am alltäglichen Klosterleben, das heißt auch an bestimmten Arbeiten oder an den Gebetszeiten, ist freiwillig. Man kann sich auch zurückziehen und nur die Stille suchen. Nach der Konfession wird meist nicht gefragt. Häufig liegen die Klöster in landschaftlich schönen Gegenden, so dass viele Klostergäste ihren Aufenthalt auch für ausgedehnte Spaziergänge oder Wanderungen nutzen. Die Gästezimmer sind zumeist einfach aber solide ausgestattet. Manche Klöster haben eigene Gebäudeteile nur für ihre Gäste reserviert. Verpflegt werden sie ebenso wie die Mönche oder Nonnen. Oft leben die Mönche in Klausur, Gäste werden dann vom Gastpater in einem eigenen Speiseraum bewirtet. In anderen Klöstern essen die Gäste auch schon mal zusammen mit den Ordensleuten. Für Unterbringung und Verpflegung wird ein moderater Preis verlangt. In vielen Klöstern ist es dem Gast überlassen, eine Spende nach seinen Möglichkeiten zu geben.

Man sollte sich frühzeitig im Kloster seiner Wahl anmelden und nach den dortigen Regeln und Gepflogenheiten fragen. Für einen ersten Aufenthalt hat sich nach Erfahrung der Ordensgemeinschaften eine Dauer von etwa einer Woche bewährt. In dieser Zeit gewinnt man genügend Abstand vom eigenen Alltag und kann sich auf diesen ganz anderen Lebensrhythmus besser einlassen, als wenn man nur für zwei Tage dort bleibt. Aber auch längere Aufenthalte sind in Absprache mit

dem jeweiligen Kloster möglich. Dazu haben einige Klöster eigene Kurs- und Ferienangebote wie Meditationskurse, Einführungen ins Gebet, Gesprächskreise und Bibelkurse. Es gibt Exerzitien, Besinnungs- und Einkehrtage.

20. JANUAR SEBASTIAN

BREZENSUPPE
(NACH ERNA HORN)

In eine gute Fleischbrühe gibt man ganz zuletzt klein geschnittene Laugenbrezen und reichlich Schnittlauch; man kann die Brezenscheiben aber auch in eine beliebige legierte Suppe geben. Wer es liebt, lässt sie ein wenig durchweichen, wer die Brezen resch haben will, trägt die Suppe gleich auf. Nach einem anderen Rezept aus Altbayern wird eine große Zwiebel gehackt, in Fett hell angeröstet und mit 3 bis 4 EL Bröseln kurz durchgeschmort. Man gießt mit Wasser oder Fleischbrühe auf und gibt zerbrochene Brezen, schließlich noch geriebenen Käse oder Schnittlauch hinein. Wer es mag, kann noch etwas geriebenen Parmesan darüber geben.

Der Kirchenvater Ambrosius überliefert als Geburtsort des Heiligen Sebastian die Stadt Mailand, möglicherweise stammt er aber auch aus Narbonne. Er diente im 3. Jahrhundert am kaiserlichen Hof Diokletians und bekannte sich trotz des Verbotes zum Christentum. Der Legende nach ließ Diokletian ihn an einen Baum binden und von numidischen Bogenschützen erschießen. Die Schüsse waren allerdings nicht tödlich und so trat er dem erstaunten Kaiser öffentlich entgegen. Daraufhin ließ ihn Diokletian im Circus von Rom zu Tode peitschen und die Leiche in die *cloaca maxima,* den großen Abwasserkanal, werfen. Die Christin Lucina barg den Leichnam und bestattete ihn an der Apostelkirche an der Via Appia, unter der heutigen Kirche *San Sebastiano ad Catacumbas.* Sebastians Verehrung in Rom ist schon im 4. Jahrhundert nachgewiesen. Eine Pestepidemie in der Stadt im Jahre 680 soll erloschen sein, nachdem man seine Reliquien durch die Straßen trug. »Sebastinanspfeile« trug man daraufhin als Schutz gegen die Pest. Das Martyrium des Heiligen Sebastian wurde zum beliebten Thema in der Kunst der Renaissance und beliebtes Thema der Aktmalerei.

Seit dem 15. Jahrhundert gibt es zahlreiche Schützenbrüderschaften, die dem Heiligen Sebastian geweiht sind. In Passau trank man nach der Sebastiani-Prozession mit dem Fürstbischof mit Met die Sebastians-Minne; Passau war durch die einzige Metsiederzunft in Deutschland bekannt.

Im bayerischen Ebersberg konnte man im ausgehenden 17. und frühen 18. Jahrhundert auf dem Sebastiansmarkt Käse von Tiroler Wanderhändlern und *Lemoni* (Südfrüchte) kaufen. Auch Lebzelter und Zuckerbäcker hatten ihre Stände aufgebaut. Auf diesen Märkten gab es die ersten Heller- und Pfennigbrezen, die nur vom 21. Januar bis zum Palmsonntag von den Bäckern gebacken und angeboten werden durften. Sebastian war nämlich der Brezenheilige. Reste der Sebastiani-Brezen verwendete die sparsame Hausfrau für eine sehr gute Suppe, der Brezensuppe (siehe links).

FASTEN

Die Fastenzeit soll eine Zeit der Enthaltsamkeit und Besinnung sein. Alle Religionen haben ihre Asketen, die Wunder an Selbstbeschränkung und Enthaltsamkeit vorlebten. Die Fastengebote der großen Religionen sind aber alle so gefasst, dass sie zwar Entbehrung mit sich bringen, dass aber niemand dabei verhungert: Juden fasten an Jom Kippur total – aber nur einen Tag lang. Muslime fasten einen Monat lang, und so radikal, dass sie auch nichts trinken – aber nur tagsüber. Im Fastenmonat Ramadan sind in orientalischen Ländern die Läden nachts geöffnet, in den Restaurants und Imbissläden kann man bis kurz vor Sonnenaufgang essen, und Musik- und Theaterveranstaltungen finden nachts statt. Dafür sind tagsüber die Bürostunden verkürzt. Ramadan endet mit einem dreitägigen Fest: Zum Fastenbrechen wird ein besonderes Festmenü gekocht, man geht in die Moschee, tauscht Glückwünsche aus und besucht die Verwandten und die Toten auf dem Friedhof. Man gibt den Armen Almosen und früher öffnete der Herrscher die Tore seines Palastes und bewirtete seine Untertanen – ein weltliches Symbol für den Himmel, der an diesem Tage den Frommen offen steht.

Auch für Hindus gibt es zahlreiche Fastentage, die je nach Kaste und Geschlecht befolgt werden müssen. Aber auch hier ist das Fasten nicht total, sondern bedeutet Enthaltung von bestimmter Nahrung. Man nimmt etwa nichts Gekochtes zu sich oder keine Nahrungsmittel, die durch Pflügen hervorgebracht werden. Es wird dann nur Obst gegessen, oder es wird in Häusern, in denen sonst auch Fleisch verzehrt wird, an bestimmten Tagen nur vegetarisch gegessen.

Christen fasten jeden Freitag und an den 40 Tagen vor Ostern. Aber dieses Fasten bedeutet lediglich, dass sie kein Fleisch zu sich nehmen. Früher waren auch Milch und Eier verboten. In manchen Gegenden fastete man auch an den 40 Tagen vor Weihnachten und außer dem Freitag an einem weiteren Wochentag. So hatten manche Kochbücher gleich zwei Abteilungen – für Fastentage und für andere. Und es entstanden viele interessante Fischrezepte besonders in den französischen Kochbüchern, wo die Reformation nicht recht Fuß gefasst hatte und also noch die strengen Fastenregeln galten.

Die Fastenregeln machten erfinderisch: Immer neue Zubereitungen z.B. mit Mandelmilch wurden als Ersatz für Tierprodukte erfunden. In Schwaben erzählt man sich, auch die Erfindung der Maultasche gehe

auf die Fastengebote zurück: damit Gott das Fleisch darin nicht sehen kann. Heute sind bei den meisten Christen vom Fasten nur noch der vorhergehende Karneval und die Tatsache, dass an Donnerstagen der frische Fisch in die Läden geliefert wird und man deshalb also freitags Fisch isst, übriggeblieben.

FISCH

Bei Fisch denkt man heute in erster Linie an leichte, gesunde Kost, an Diät und Genuss, selten aber an Freitag oder gar Karfreitag. Im Mittelalter dachte man hingegen sofort an Fasten, Fastenzeit, Buße und Kasteiung. Der Fisch half den Mönchen, die Entbehrungen dieser beschwerlichen Tage ein wenig zu lindern. Man kann sich lebhaft vorstellen, welche Bedeutung er im Mittelalter für die Ernährung der Orden gehabt haben muss.

Ihren täglichen Bedarf an Fisch deckten die Mönche aus den Wasserläufen, Weihern und Seen ihrer Ländereien. Sie schätzten besonders den Fisch des klaren, steinigen Süßwassers. Um den steigenden Verbrauch sicherzustellen, legten sie später Fischteiche mit kleinen Kaskaden an. Doch auch das reichte häufig kaum aus, und so begannen die Klöster von anderen Prioraten zusätzlichen Fisch zu beziehen. Cluny (siehe auch Seite 50) ließ sich im Jahr 1377 zum Beispiel 5000 Seefische aus Abbéville kommen, je 2000 Fische aus Dompierre und aus Beussant.

Außer den Fischbassins verdanken wir besonders den Mönchen im Burgund eine große Anzahl von Zuchtweihern. Dabei beherrschten sie auch die Technik der künstlichen Befruchtung. In den Ordensregeln werden unter den Zuchtfischen Karpfen, Forelle, Flussbarbe, Schleie, Flussbarsch und Hecht erwähnt. Zu den Fangfischen gehörten Ukelei, Plötze, Alse, Elritze und Äsche. Selbst Krebse werden erwähnt.

Die Klöster hatten Fisch in Hülle und Fülle, doch der Abt war es den Brüdern auch schuldig, für Salz und die rechte Würze des Fisches, sowie für das zu seiner Zubereitung nötige Öl zu sorgen – ein nicht zu unterschätzendes kulinarisches Zugeständnis. Den Rest erledigte die schöpferische und kunstfertige Hand des Frater Coquinarius.

CHIEMSEE FISCHWÜRST

ZUTATEN

1 kg Weißfischfilets (von Rotaugen, Rotfedern, Rapfen und Döbeln)
1 Bd. Petersilie
1 große Zwiebel
125 g durchwachsener Speck
2 eingeweichte Brötchen
Salz
Pfeffer
Zitronensaft
2 Eier
1 EL Milch

Fische roh filetieren und die Haut abziehen. Filets mit Petersilie, der Zwiebel, dem Speck und den Brötchen durch den Fleischwolf drehen. Mit Salz, Pfeffer und etwas Zitronensaft abschmecken und mit den Eiern und Milch binden. Etwa 4 cm lange und 2 cm starke Würstchen mit den Händen formen. Etwa 10 Minuten in Salzwasser sieden, bis die Würstchen leuchtend weiß oben schwimmen. Die Fischwürstchen in Butter rundherum knusprig-braun braten. Dazu passt Kartoffelsalat mit Gurken. Die kalten Würstchen schmecken übrigens auch mit etwas Senf bestrichen.

SALZ

Unerlässlich war ein Würz- und Konservierungsmittel, ohne das der Fisch kaum hätte transportiert und gelagert werden können, denn das zarte Fischfleisch verdirbt schnell. Also bedienten sich die Mönche schon bald der konservierenden Kraft des Salzes. Man muss bedenken, dass im Mittelalter Fisch nur selten frisch gegessen wurde, außer vielleicht an Fluss- oder Seeufern. Zumeist wurden sie über Buchen- oder Eichenreisig geräuchert, getrocknet oder eben gesalzen. Bis zum Ende des 12. Jahrhunderts unterstanden die Salinen (Salzbergwerke) zum Teil den Lehnsherren, hauptsächlich aber den Klöstern.

Der Hering wurde im Mittelalter wegen seines reichen Vorkommens schnell zum Fisch des Volkes und galt gleichsam als Manna Europas. Die Angelsachsen nannten ihn King Herring, die Franzosen Sa Majesté le hareng. Weitere prominente »Opfer« des Salzes wurden Sardellen, Sardinen, Wal, Dorsch, Meeraal und viele andere, doch Favorit blieb der Hering. In seiner großen Zeit diente er sogar als Zahlungsmittel. Die Fastenzeit war eine Herausforderung für jeden Koch, der sich bemühte mit Fantasie und Witz sogar der Fastenküche Glanz zu verleihen. Hier das etwas andere Rezept aus der französischen Klosterküche, wie es der Sternekoch Marc Meneau überliefert:

HERING-KARTOFFEL-PASTETE NACH MARC MENEAU

ZUTATEN

300 g Kartoffeln
Salz
200 g Blätterteig
6 Heringsfilets, eingelegt
1 Eigelb zum Bestreichen
60 g Butter
Muskatnuss
Pfeffer
10 g Estragon, gehackt

Den Ofen auf 200 °C vorheizen. Kartoffeln ungeschält in Salzwasser garen. Den Blätterteig zu zwei Kreisen von je 20 cm Durchmesser ausrollen. Die Kartoffeln pellen, in 1/2 cm dicke Scheiben schneiden und noch einmal drei Minuten in kochendem Wasser blanchieren. In die Mitte eines Teigkreises einen Ausstechring von 15 cm Durchmesser setzen und eine Schicht Kartoffelscheiben einlegen. Die Heringsfilets abtropfen lassen und ebenfalls einschichten. Mit einer Schicht Kartoffelscheiben abschließen. Den Ausstechring vorsichtig abziehen. Den Teigrand rundherum mit Eigelb bestreichen, den anderen Teigkreis auflegen und die Ränder versiegeln. Die Pastete auch von außen mit Eigelb bestreichen, mit einem Messerrücken oder einer Gabel verzieren und in der Mitte ein Luftloch ausschneiden, damit der Dampf entweichen kann. Im Ofen 25 Minuten backen. Die Butter zerlassen und mit frisch geriebener Muskatnuss, Pfeffer und Estragon würzen. Die Hering-Kartoffel-Pastete aus dem Ofen nehmen, die gewürzte Butter durch die Öffnung eingießen und einige Minuten einsickern lassen. Dazu passt ein Löwenzahnsalat.

FORELLEN IN CHABLIS

ZUTATEN

4 Bachforellen
Salz, Pfeffer
6 EL Butter
3 EL Schalotten, fein gehackt
150 ml Chablis (alternativ: guter trockener Silvaner)
1/2 l Sahne

Backofen auf 175 °C vorheizen, Forellen ausnehmen, mit einem Tuch säubern (nicht waschen), salzen und pfeffern. In einer reichlich gebutterten feuerfesten Auflaufform anordnen und einige Butterstückchen darüber geben. Forellen 15 Minuten im Backofen braten. Mit den Schalotten bestreuen und weitere 5 Minuten in den Backofen stellen. Wein zugießen und vollkommen verdampfen lassen. Anschließend die Sahne zugeben und 10 Minuten köcheln lassen, bis die Soße etwa um die Hälfte auf eine sämige Konsistenz eingekocht ist.

DIE MENSCHEN NEIGEN GERADE IN ZEITEN von Armut oder Knappheit dazu, ihr täglich Brot durch allerlei hochtrabende Bezeichnungen zu adeln – Halve Hahn: ein Käsebrötchen im Rheinland ebenso wie der Kölsche Kaviar, hinter dem sich ein Röggelchen (Roggenbrötchen) mit Blutwurst verbirgt. In Mecklenburg wird eine mit Backobst gefüllte Schweinerippe Beamtengans genannt, in Schleswig Holstein ist die Schusterkarbonade ein gebratenes Stück Schweinebauch, und der schlichte Hering wird zur Schusterforelle.

Die Paulanermönche in Wien legten das Gelübde ab, kein Fleisch zu essen. Um ihre Nahrungsmittelversorgung sicherzustellen, unterhielten sie Fischteiche auf ihren Klostergründen. Da die Wiener schon immer gerne und gut essen, spielte in der Fastenzeit die Imitation von Speisen auch bei den Paulanermönchen eine große Rolle. Man wollte Fleisch wenigstens dem Aussehen und dem Namen nach auf dem Tisch sehen. Die Paulanermönche stellten folgende Nachahmung her: »Nimm ein Stückl Hechten, löse es von der Haut und den Gräten, tue sie zusammen mit den in der Milch geweichten Mundsemmeln, druck und hack sie klein mit ein Stück Butter, schneid Zwiebel klein, lass ihn kurz schwitzen, tue ihn dazu mit samt dem Salz und Pfeffer, ein wenig Majoran, ein Zeherl Knoblauch, Limonischale und Muskat, alles durcheinandergerührt – alsdann Eier und Semmelbrösel. Mach ganz kleine Würste daraus, zum Ausmachen kannst ein wenig Mehl nehmen, sonst hängt sich der Fasch gern an, hernach nimm in eine Bratpfanne eine Butter, klopf ein Ei, ziehe die Würste durch, bestreue sie mit Semmelbrösel, backe sie in der Bratpfanne, tue sie gleich zu Tisch.« Diese Speise wurde zu ganz besonderen Anlässen und Pfarrfesten serviert. Mit Paulanerbier – versteht sich!

Am delikatesten sind die Fastenrezepte natürlich im Feinschmeckerparadies Frankreich. Das Rezept für *Truites Chablisiennes* (Forellen in Chablis, links) findet sich in einem Kochbuch der ehemaligen Abtei Pontigny. Pontigny ist eine der vier Primarabteien, die vor der Bestätigung des Zisterzienserordens im Jahr 1119 als Tochtergründungen von Cîteaux entstanden. Die Kirche des 1114 im heutigen Departement Yonne (Burgund) gegründeten Klosters wurde von 1145 bis 1155 durch einen umfassenden Neubau ersetzt. Bereits früh rückte das Kloster in den Blickpunkt der Geschichte: Es beherbergte 1164 den aus England geflüchteten Thomas Becket. Der Erzbischof von Canterbury und Widersacher Heinrichs II. hielt sich hier mehrere Jahre auf. Als der König mit der Schließung aller englischen Zisterzienserklöster drohte, suchte Becket beim Erzbischof von Sens Schutz, ehe er 1170 in seine Heimat zurückkehrte, wo er noch im selben Jahr ermordet wurde.

FEBRUAR

Der alte deutsche Name des Februars lautete »Hornung«, was so viel wie Paarungszeit bedeutet. Von nun an regt sich nach dem Winter allmählich wieder das Leben. Im römischen Kalender war der Februar der letzte Monat und man hängte ihm damals überzählige Schalttage an, ein Brauch, der sich durch die julianische und gregorianische Kalenderreform hindurch erhalten hat. Der Februar ist nach dem römischen Sühnefest *februa* (»ich reinige«) benannt.

2 Mariä Lichtmess
3 Blasius
5 Albuin, Agatha, Brotsegnung
11 Unsere Liebe Frau von Lourdes
14 Valentin
22 Petri Stuhlfeier
24 Apostel Matthias
26 Dionysius
29 Roman

SAUERKRAUTPLATTE AUF ELSÄSSISCHE ART

ZUTATEN FÜR 8 PERSONEN

1 kg Schweinebauch, gepökelt
1 kg Speck
1 kg Kassler ohne Knochen
1 1/2 kg Sauerkraut
6 Knackwürstchen

Schweinebauch und Speck ungefähr eine Stunde in Wasser auf kleinem Feuer garen, dann zusammen mit dem Kassler im Sauerkraut »vergraben« und alles miteinander etwa eine Stunde köcheln. Für die letzten 15 Minuten dürfen auch die Würstchen in den Sauerkrauttopf. Zum Servieren braucht man eine große Platte, auf der ein Bett von Kraut ausgebreitet wird. Schweinebauch, Speck und Kassler werden in zentimeterstarke Scheiben aufgeschnitten und darauf angerichtet. Die Würste werden darum herum drapiert. Und dazu gehört natürlich scharfer Senf aus Dijon oder Düsseldorf!

2. FEBRUAR
MARIÄ LICHTMESS

AN MARIÄ LICHTMESS ist es schon eine ganze Stunde länger hell. Handwerker, die am Montag nach Michaelis (29. September) zum ersten Mal bei Kerzenlicht gearbeitet hatten, konnten langsam damit aufhören. An diesem Tag wurden auch die Kerzen für das ganze Jahr geweiht. Das Fest »Mariä Lichtmess« wird 40 Tage nach Weihnachten als Abschluss der weihnachtlichen Feste gefeiert. Früher hieß das Fest »Mariä Reinigung«, denn nach den Vorschriften des Alten Testaments galt eine Mutter 40 Tage nach der Geburt eines Sohnes als unrein. Um ihr Reinigungsopfer zu bringen, pilgerte Maria in den Tempel. Da Jesus zudem ihr erster Sohn war, galt er als Eigentum Gottes und musste ausgelöst werden: Er wurde zum Priester gebracht und vor Gott gestellt. Im Tempel begegneten sie dem betagten Simeon und der Prophetin Hannah. Beide erkannten, dass Jesus kein gewöhnliches Kind war und priesen ihn als den Erlöser Israels.

Lichtmess ist das erste Frühlingsfest des neuen Jahres: Jetzt beginnt die Feldarbeit und deshalb ist es ein Bauernfeiertag, der überall mit gutem Essen begangen wird. Fleisch war zwar knapp, da noch keine Schlachtzeit war, aber man verzehrte, was in Speisekammer und Keller aufzutreiben war: also vorzugsweise Saures, Gepökeltes und Geräuchertes, wie zum Beispiel eine handfeste Sauerkrautplatte (siehe links), wie sie in den elsässischen Klöstern üblich war, bevor diese in der Französischen Revolution zerstört oder säkularisiert wurden.

FASCHING, FASTNACHT, KARNEVAL

Die je nach Frühlingsvollmond zwischen 28 und 63 Tage dauernde Zeit zwischen Epiphanias (6. Januar) und Aschermittwoch (4. Februar bis 10. März) wird in Bayern als Fasching bezeichnet. Das gilt besonders für die Woche vor dem Aschermittwoch, mit dem dann – ganz im biblischen Sinn – die 40 Tage und 40 Nächte dauernde Fastenzeit vor Ostern beginnt. Verwandt mit dem Fasching ist die alemannische und ostfränkische *Fastnacht* bzw. *Fasnacht*. *Karneval* ist im Rheinland gebräuchlich. Aus den lateinischen Worten *carne* (Fleisch) und *levare* (wegstellen) hat sich nach der Meinung der meisten Sprachforscher im Spätmittelalter das Wort *Carneval* entwickelt. Diese Bedeutung spielt damit auf die nachfolgende Fastenzeit an. Das Wort *Fasching* geht sprachgeschichtlich auf die mittelhochdeutsche Prägung *vastschanc* (Ausschank vor dem Fasten) zurück. Das Wort *Fas(t)nacht* kommt hingegen von *vas(t)(en)nacht* und meinte zunächst allgemein die »Nacht vor dem Fasten«.

Die römische Kirche legte also eine Fastenzeit vor Ostern fest, um ein schon bestehendes heidnisches Brauchtum zu begrenzen. Dieses hat seinen Ursprung in den *Saturnalien* (17. bis 23. Dezember), dem römischen Fest zu Ehren des Saat- und Fruchtbarkeitsgottes Saturn. Bei diesem Fest waren alle Standesunterschiede auf den Kopf gestellt. Gewaltige Festgelage wurden abgehalten und ein *rex bibendi*, ein Trinkkönig, ausgewürfelt, der durch sinnlose Anordnungen für Heiterkeit zu sorgen hatte. Diese beliebten römisch-heidnischen Festlichkeiten waren leicht in christlichem Sinne umzuformen.

FASCHINGSDONNERSTAG

Zunächst wurde die Faschingszeit bis auf den Donnerstag vor Aschermittwoch ausgedehnt. Der heißt im südwestdeutschen Raum zumeist *schmutziger Donnerstag*, was sich von *Schmotz* (Schmalz) herleitet und sich auf die fettgebackenen Speisen bezieht, die man an diesem Tag zu essen pflegt. Von daher hat sich in anderen Landschaften auch der Name *fetter* oder *feister* Donnerstag gehalten. Die rheinische *Weiberfastnacht* geht auf den seit dem 14. Jahrhundert bezeugten Brauch zurück, dass in den Städten an diesem Tag die Ehefrauen der ratsfähigen Familien zu einem eigenen Mahl und Tanz geladen wurden.

BERLINER PFANNKUCHEN

ZUTATEN (FÜR ETWA 15 STÜCK)

25 g Hefe
200 ml Milch
50 g Zucker
500 g Mehl
1 Pr. Salz
Vanille-, Zitronen- oder Rumaroma
80 g Butter
4 Eigelb
Konfitüre
Öl, Butterschmalz oder Pflanzenfett
Kristallzucker

Hefe in lauwarme Milch bröckeln, 1 Prise Zucker zufügen und unter einem Tuch gehen lassen. Mehl, Zucker, Salz, Aroma und Butter in Flöckchen mit dem Hefebrei und dem Eigelb zu Teig verarbeiten. Abdecken und warm ruhen lassen, bis sich das Volumen sichtlich vergrößert hat. Dann eine Rolle formen, in 15 Stücke teilen, mit je einem Teelöffel Konfitüre füllen. Die Teigteile fest zusammendrücken, zu Berlinern formen und warm gehen lassen.

Die Teigstücke in 180 °C heißem Fett schwimmend zuerst auf der Kopfseite 3 Minuten ausbacken, wenden, danach 2 bis 3 Minuten weiterbacken und nach erneutem Wenden 1 Minute fertig backen. Nur portionsweise einfüllen, sonst kühlt das Fett ab. Damit Dampf entsteht, der die Berliner hochtreibt, erst drei Minuten mit Deckel, dann ohne Deckel backen. Herausnehmen, abtropfen lassen und heiß in Zucker wälzen.

APFELKRAPFEN

ZUTATEN (FÜR 30 STÜCK)

FÜR DEN VORTEIG

60 g Hefe
120 ml Milch
180 g Mehl

FÜR DEN TEIG

540 g Mehl
180 ml Milch
90 g Zucker
12 g Salz
etwas abgeriebene
Zitronenschale
80 g Butter
9 Eigelb

FÜR DIE FÜLLUNG

90 g Semmelbrösel
35 g Mehl
60 g Korinthen
720 g Äpfel, geschält und feingehackt
Zum Ausbacken Erdnussfett.

Für den Vorteig Hefe in lauwarme Milch bröckeln und Mehl hinzufügen. Zu dickem Brei verrühren und warm aufgehen lassen. Mehl, Milch, Zucker, Salz, Aroma und Butter in Flöckchen mit dem Vorteig und Eigelb zu Teig verarbeiten. Abdecken und an einem warmen Ort gären lassen. Für die Füllung 220 g Teig mit den übrigen Zutaten vermischen. Den Teig halbieren, die Hälften ruhen lassen und je auf ein Quadrat von 25 mal 25 cm ausrollen. Mit der Füllung bestreichen, zu einer festen Roulade aufrollen und in 15 Scheiben schneiden. In 180 °C heißem Fett schwimmend bei offenem Deckel auf einer Seite goldgelb ausbacken. Herausnehmen und abtropfen lassen.

FASCHINGSMONTAG

Der *Rosenmontag* im Rheinland erhielt seinen Namen erst nach 1824, weil das Komitee, das seit 1824 die Umzüge des Kölner Karnevals vorbereitet, am Sonntag *Laetare* (= Mittfasten oder auch Rosensonntag) bzw. dem ihm folgenden Montag seine Generalversammlung abhielt. Das Komitee nannte sich infolge dessen »Rosenmontagsgesellschaft«.

FASCHINGSDIENSTAG

Der Faschingsdienstag heißt *Narrenfastnacht*, weil am Dienstag immer schon besonders viele Narren auf den Straßen ihr Unwesen trieben. Schließlich endete in der Regel nun die Faschingszeit. Zum lustigen Straßenkarneval kamen im 18. Jahrhundert so genannte »Redouten« nach venezianischem Vorbild hinzu: ausgelassene Masken- und Kostümbälle, die aber zunächst dem Adel und dem reichen Bürgertum vorbehalten waren. Als Köln von den französischen Revolutionstruppen erobert wurde, erlaubte die neue Obrigkeit den Einheimischen *»de faire son tour«*, also ihre jecken Umzüge zu machen. Die Preußen, die die Franzosen als Besatzer ablösten, waren nicht so locker – was die Kölner nicht abhielt, ihre Narretei zu pflegen. Der Karneval wurde romantisiert und verbürgerlicht. Er wurde geordnet! Mit dem »Held Karneval«, dem heutigen Prinzen, kam noch eine neue Idee hinzu. 1823 wurde das »Festordnende Komitee« gegründet und der erste Rosenmontagszug fand statt.

Neben Weiberfastnacht und den Rosenmontagszügen hat die närrische Zeit auch eine süße Tradition. Seit jeher sind Apfelkrapfen, Berliner, Mutzenmandeln oder Scherben während der »tollen Tage« heiß begehrt. »Luschtig isch de Fasenacht, wenn mei Mueder Küchli bacht«, heißt ein altes süddeutsches Sprichwort.

Dass es zur Fastnacht früher gerade Schmalzgebackenes sein musste, hatte einen praktischen Grund: Vor der 40-tägigen Fastenzeit empfahl es sich, Fettes auf Vorrat zu essen. So verhalf das närrische Gebäck zu Kalorien. Fettgebäck verbreitete sich schnell, da es einfach in Pfannen über der Feuerstelle zubereitet werden konnte. Das erste deutsche Kochbuch, das Würzburger »buoch von guter spise« von 1350, nennt bereits das Rezept eines gefüllten Krapfens.

Auch in Berlin brutzelten die kleinen Kuchen bald vor den Augen der Passanten in großen Pfannen. So begann der unaufhaltsame Siegeszug der »Berliner Pfannkuchen«, bei dem mit der Zeit der »Pfannkuchen« auf der Strecke blieb. Aber der weiße »Kragen« an der Bauchmitte des Krapfens darf nach wie vor nicht fehlen. Dieser entsteht beim richtigen Wendemanöver im brutzelnden Fettbad.

Bis in die Neuzeit waren der Kirche die allerorten zischenden Fettpfannen während der »tollen Tage« ein Dorn im Auge. So wetterte Ende des 16. Jahrhunderts ein Pfarrer gegen das »Küchlein backen, Strauben, Nauntzen, und wie sie mehr heißen« als »antichristlicher greul« und »Teuffelsdreck«.

NONNENFÜRZCHEN

ZUTATEN

250 ml Wasser
1 Pr. Salz
25 g Puderzucker
50 g Butter
25 g Stärke
abgeriebene Schale
1 unbehandelten Zitrone
125 g Mehl
4 Eier
2 kg Pflanzenfett
50 g grober Zucker

Wasser zusammen mit Salz, Puderzucker und Butter aufkochen. Den Topf von der Kochstelle nehmen und das mit Stärke und Zitronenschale vermischte Mehl auf einmal hineinrühren. Den Topf erneut auf den Herd stellen und die Masse so lange rühren, bis sich ein Kloß gebildet hat und am Topfboden eine weiße Haut absetzt. Den Teig in eine Schüssel geben und sofort 1 Ei hineinrühren. Den Teig etwas abkühlen lassen und anschließend nacheinander die restlichen Eier unterrühren. Das Fett in einer Friteuse auf 180 °C erhitzen. Mit Hilfe von 2 Teelöffeln (zwischendurch immer wieder in heißes Wasser tauchen) vom Teig kleine Kugeln abstechen (ergibt etwa 28 Stück) und etwa 4 Kugeln gleichzeitig ins heiße Fett geben. Die Nonnenfürzchen etwa 3 Minuten goldbraun ausbacken. Das Gebäck mit einem Schaumlöffel herausnehmen und auf Küchenkrepp abtropfen lassen. Noch heiß mit Zucker bestreuen und servieren.

Das duftige Gebäck mit dem leicht anrüchigen Namen müsste eigentlich Nonnenfürtchen heißen, was sich von dem mittelniederdeutschen Wort *nunnekenfurt* ableitet, und so viel bedeutet wie »von den Nonnen am besten zubereitet«. Ein Witzbold machte daraus den nicht ganz salonfähigen, aber heute überall gebräuchlichen Namen.

ASCHERMITTWOCH

Der Aschermittwoch ist der erste Tag der 40-tägigen Vorbereitungs- und Fastenzeit auf das Fest der Auferstehung Jesu von den Toten an Ostern und fällt auf den Mittwoch nach dem Sonntag *Estomihi* und den siebten Mittwoch vor Ostern (vor dem ersten Fastensonntag = *Invokavit*). Der Aschermittwoch beendet die Fastnachtszeit. Im Konzilskanon von Benevent (1091) heißt es ausdrücklich, dass es »kein Laie nach dem Aschermittwoch wagen solle, Fleisch zu essen«. Vielmehr sollten alle Gläubigen an diesem Tage das Aschenkreuz als Symbol der Buße und Reinigung auf ihren Häuptern empfangen. Von daher hat der *Aschermittwoch* schließlich auch seinen Namen. Heute sind nur noch Aschermittwoch und Karfreitag so genannte strenge Fasttage, an denen die Katholiken sich nur einmal am Tag satt essen und auf Fleisch verzichten sollen.

MATJES HAUSFRAUENART

ZUTATEN

8 Matjesfilets
2 Zwiebeln
2 Gewürzgurken
2 rotbackige Äpfel
2 EL Essig
Salz
schwarzer Pfeffer
1 TL Zucker
2 EL Öl
1/4 l saure Sahne
1 Becher Joghurt

Matjesfilets waschen, auf Küchenkrepp abtropfen lassen. Zwiebeln in dünne Ringe, die Gewürzgurken in feine Scheiben schneiden. Die ungeschälten Äpfel vom Kerngehäuse befreien, in feine Scheiben und die Matjesfilets in Stücke schneiden. Aus dem Essig, wenig Salz, Pfeffer, Zucker und Öl eine Marinade rühren und unter die in Scheiben geschnittenen Zutaten mischen. Die Matjesfilets abwechselnd mit der Mischung in ein Töpfchen schichten. Die saure Sahne mit dem Joghurt verrühren, darüber gießen. Das Heringstöpfchen einen Tag an einem kühlen Platz ziehen lassen. Dazu passen: Pellkartoffeln oder Schwarzbrot mit Butter.

In vielen Regionen Deutschlands ist heutzutage am Aschermittwoch ein Heringsessen üblich. Als der Hering noch billig war, galt er als »Arme-Leute-Essen«, aber schon Otto Fürst Bismarck, später Namensgeber für die berühmte Marinaden-Spezialität, wusste den delikaten Fisch zu schätzen und soll gesagt haben: »Wenn der Hering 'nen Taler kostete, würde er den Leuten noch viel besser schmecken, als Filet in Öl oder als Sardellenpastete.« Hering ist reich an ungesättigten Fettsäuren, an Vitaminen, Eiweiß und Mineralstoffen. Durch Schockfrostung steht heute das ganze Jahr jungfräulicher Hering zur Matjesherstellung zur Verfügung, dennoch freuen sich die Feinschmecker im Mai/Juni auf den Beginn der neuen Matjes-Saison.

24. FEBRUAR MATTHIAS

VOM LEBEN DES MATTHIAS gibt es wenige gesicherte Fakten; er kam nach Christi Himmelfahrt durch Losentscheid zu den Aposteln, um den Platz von Judas einzunehmen (Apostel 1, 28). Er wurde wegen seiner Heilungen, Bekehrungen und gelehrten Predigten zum Tode verurteilt, gesteinigt und dann nach römischer Sitte mit dem Beil enthauptet. Seine Reliquien sollen in Rom in S. Maria Maggiore bestattet, dann in Teilen nach Trier gebracht worden sein, wo sie bis heute verehrt werden. Der Patron der Metzger, Schweinehirten, Zimmerleute, Schneider, Schmiede, Zuckerbäcker und Schulkinder soll bei Blattern, Keuchhusten und Unfruchtbarkeit helfen.

Besondere Bräuche in der Matthias-Nacht (Liebes- und Todesorakel, Schatzsuche) sind seit dem 16. Jahrhundert im Rheinland nachweisbar. Des Weiteren existieren auch Bauernregeln wie »Mattheis bricht's Eis« oder »St. Matthias hab ich lieb, denn er gibt dem Baum den Trieb«.

Aufgeregtes Gackern aus den Hühnerställen kündete davon, dass die Hühner wieder legen. Für die vom Fasten schon leicht geschwächten Mönche und Nonnen bedeutete der Matthiastag vor allem eine Bereicherung des kargen Speisezettels; so haben viele Rezepte für Eierspeisen einen klösterlichen Ursprung. Das Rezept für Eier nach Benediktinerart kommt aus Frankreich. Es besteht aus einem Omelett, das mit getrüffeltem Stockfischpüree *(Brandade de Morue)* gefüllt wird:

OMELETTE BENEDIKT

Nachdem die Flossen entfernt sind, den Stockfisch 24 Stunden in kaltes Wasser legen. Anschließend spülen und in einem großen Topf mit kaltem Wasser zum Kochen bringen und 30 Minuten sieden lassen. Danach in einem Sieb abtropfen und die Gräten entfernen. Die Haut jedoch nicht abziehen, da sie zum Binden der Masse nützlich ist. In einem großen Topf Olivenöl zum Sieden bringen. Wenn das Fett raucht, den Stockfisch hineingeben und sofort heftig rühren. Den Topf von der Herdplatte nehmen, die Masse weiter energisch mit dem Kochlöffel bearbeiten. Allmählich die kochende Milch und etwas Olivenöl unterrühren. Knoblauch, Petersilie und Sardelle im Mörser zerdrücken. In einer Pfanne in etwas Olivenöl leicht anbraten. Unter die Stockfischmasse rühren. Mit Pfeffer abschmecken und zum Schluss die geriebene Zitronenschale und etwas -saft in die Masse einrühren. Die Trüffel würfeln, in Butter anbraten und unter das Püree mischen. Das Rezept schmeckt natürlich auch ohne Trüffel. Die Eier mit der Gabel verquirlen und salzen. Eine Pfanne erhitzen und gleich reduzieren. Butter in der Pfanne schmelzen, aber nicht braun werden lassen. Verquirlte Eier portionsweise in die Pfanne geben und mit einem Pfannenmesser (Palette) ganz leicht verrühren. Vorsicht: Die Eiermasse sollte zusammenhängen und darf nicht, wie ein Rührei, aus Flocken bestehen. Wenn das Omelette an der Oberfläche noch etwas flüssig ist, ist es gar. Man lässt das Omelette an den Pfannenrand gleiten oder schlägt es übereinander (dadurch entsteht die charakteristische schmal-ovale Form) und lässt es auf einen vorgewärmten Teller rutschen. Mit Stockfischpaste füllen und warm stellen, bis die anderen Omelettes zubereitet sind.

Zutaten für das Stockfischpüree (für 6 Personen)

1 kg Stockfisch (möglichst ein Schwanzstück)
Olivenöl
1/2 l Milch
1 Knoblauchzehe
1 TL Petersilie, gehackt
1 Sardelle
Pfeffer
Saft und abgeriebene Schale 1 unbehandelter Zitrone
1 schwarzer Trüffel
10 g Butter

Für die Omelettes (pro Person)

2-3 Eier
1 Pr. Salz
10 g Butter

FRANZÖSISCHE REZEPTE KOMMEN SELTEN OHNE EINE SAUCE AUS – DAS OMELETTE WIRD MIT FOLGENDER SERVIERT:

NORMANNISCHE SAUCE

Die Butter bei schwacher Hitze in einem Topf zerlassen, die Pilze und den Thymian zugeben und 2 Minuten andünsten. Aus Mehl und Butter eine weiße Mehlschwitze herstellen und diese heiß unterrühren. Dann mit dem kalten Fischfond und mit der Muschelbrühe aufgießen. Das Ganze mit einem Schneebesen sorgfältig verrühren und zum Kochen bringen. Nach dem Aufkochen die Sauce 20 Minuten sanft köcheln lassen, dabei alle 5 Minuten kurz durchrühren. Die Crème double mit dem Eigelb mischen und unterrühren, den Zitronensaft zugeben und die Sauce nochmals 10 Minuten köcheln lassen. Mit Salz und Pfeffer abschmecken, dann die Sauce durch ein feinmaschiges Sieb passieren und sofort servieren.

Zutaten

30 g Butter
100 g kleine Champignons
1 Zweig Thymian, feinblättrig geschnitten
30 g Mehl
30 g Butter
500 ml Fischfond (Glas)
1/2 l Muschelbrühe
200 g Crème double oder süße Sahne
3 Eigelb
Saft von 1/2 Zitrone
Salz
weißer Pfeffer, frisch gemahlen

DIE KARTÄUSER sind ein katholischer Einsiedlerorden (lat. *ordo cartusiensis*). Er wurde im Jahr 1084 von Bruno von Köln im Tal *La Chartreuse* bei Grenoble als Versuch gegründet, die Benediktinerregel mit eremitischen Idealen zu verbinden. Nach dem Mutterhaus La Grande Chartreuse heißen alle Kartäuser-Klöster *Kartausen*. Die weißgekleideten Kartäuser leben einzeln in kleinen Häuschen, widmen sich dem Gebet, dem Studium und der Handarbeit. Die Schweigepflicht ist nur beim wöchentlichen Spaziergang aufgehoben. Die Kartäuser essen Fisch und Eier, aber kein Fleisch. Aus dem Kloster Chartreuse, im französischen Departement Isère gelegen, kommen die berühmten Kräuterliköre.

Auch aus altbackenen Brötchen lassen sich appetliche Nachtische zaubern:

KARTÄUSER KLÖSSE MIT WEINSCHAUMSAUCE

ZUTATEN FÜR DIE KLÖSSE

4 Brötchen vom Vortag
1/2 l Milch
2 Eier, getrennt
40 g Zucker
1 Pck. Vanillezucker
Semmelbrösel
Butterschmalz zum Ausbacken

FÜR DIE WEINSCHAUMSAUCE

1 l trockener Frankenwein
100 g Zucker
4 Eier, getrennt
2 ganze Eier
4 EL Zitronensaft
30 g Stärkemehl

Die Brötchenkruste auf dem Reibeisen abreiben und halbieren. Milch mit Eigelb, Zucker und Vanillezucker verrühren und die Brötchen 2 Stunden darin weichen lassen. Danach durch verquirltes Eiweiß ziehen und mit Semmelbröseln panieren. In heißem Butterschmalz goldbraun ausbacken.
Für die Weinschaumsauce Wein, Zucker, Eigelb, die ganzen Eier und den Zitronensaft verrühren und erhitzen. Mit in Wasser angerührtem Stärkemehl binden. Die Sauce schlagen bis sie richtig kocht, vor dem Erkalten den steif geschlagenen Eischnee unterziehen.

Am Berg Karmel im Heiligen Land hatten sich schon sehr früh Einsiedler und Eremiten niedergelassen. Der französische Einsiedler Berthold gründete im 12. Jahrhundert in Palästina den Karmeliter-Orden. Die ursprüngliche Ordensregel war extrem streng: Sie schrieb Armut, Einsamkeit und den völligen Verzicht auf Fleisch vor. Die Regel forderte: »Jeder bleibe in seiner Zelle, Tag und Nacht das Gesetz des Herrn betrachtend und im Gebet wachend.«

Auf der Flucht vor den Sarazenen zogen sich viele Mönche nach Europa zurück. Während des 16. Jahrhundert bildete sich dort ein unabhängiger Zweig des Ordens heraus: die Unbeschuhten Karmeliten, die zum Zeichen äußerster Enthaltsamkeit barfuß gingen. 1562 erfolgte mit Genehmigung des Papstes und des Ortsbischofs durch die spanische Mystikerin Teresa von Ávila die Gründung eines Reformklosters mit strengster Klosterzucht.

EIER NACH ART DER KARMELITER

Eier der Länge nach halbieren, das Eigelb durch ein Sieb streichen und mit Schalotten, Petersilie und Sauerampferpüree vermischen. Dann wieder in die Eierhälften füllen und in eine feuerfeste Form geben. Mit Sauce Mornay überziehen, Käse darüber streuen und mit Butterflocken besetzen. Unter dem vorgeheizten Grill bräunen. Nicht verbrennen, sonst wird der Käse bitter.

ZUTATEN (PRO PERSON)

2 Eier, hartgekocht
1 TL Schalotten, klein geschnitten und gedünstet
1 TL Petersilie, fein gehackt
1 TL Sauerampfer, fein gehackt
Sauce Mornay
Käse zum Überbacken (würziger Bergkäse wie Gruyère oder Appenzeller, Gorgonzola oder Danablue)
Butterflöckchen

SAUCE MORNAY

Crème double mit Eigelb, Salz und Pfeffer verquirlen. Die Eigelbmischung in eine heiße Bechamelsauce (Mehlschwitze aus Butter, Mehl und Milch) geben und 1 Minute unter kräftigem Rühren köcheln lassen. Den Herd ausschalten und 100 g Käse mit einem Holzlöffel unterrühren, mit Salz und Pfeffer abschmecken.

Mit einer Sauce Mornay kann man pochierte Eier, Fisch und Gemüse oder helles Fleisch überziehen und dann im Grill oder im Ofen goldbraun gratinieren. Makkaroni ergeben mit dieser Sauce ein köstliches Gratin.

ZUTATEN

50 g Crème double
3 Eigelb
Salz
Pfeffer, frisch gemahlen
60 g Butter
60 g Mehl
1/2 l Milch
100 g fein geriebener Bergkäse
Salz, Pfeffer

ABTEI CLUNY

In der burgundischen Grafschaft Mâcon wurde im Jahr 910 die Abtei Cluny gegründet. 900 Jahre später wurde ihre Kirche – bis zum Wiederaufbau der Peterskirche in Rom die größte Kirche der Christenheit – in die Luft gesprengt: eine der Folgen der französischen Revolution.

Der Abt herrschte im 12. Jahrhundert wie ein Monarch über ungefähr 10.000 Mönche. Er beugte sich weder dem Bischof noch dem König – das Kloster stand unter dem Schutz des Papstes. Die Mönche wurden nicht zu harter Feldarbeit herangezogen und so konnten sie der Reform des Benedikt von Aniane folgen, der das Gebet wieder in den Mittelpunkt ihres Lebens gestellt hatte. Die Regel verpflichtete die Mönche, Bedürftige und Pilger zu unterstützen. Die Mönche entwickelten exzellente Beziehungen zu den Adeligen der Provinzen und den Mächtigen Europas und so wurden die Äbte von Cluny in den zahlreichen Streitigkeiten zwischen dem Heiligen Römischen Reich Deutscher Nationen, den französischen Königen, dem Papsttum und den jeweiligen Lehnsherren als Schiedsmänner berufen. Cluny verfügte über das bedeutendste Geldvermögen in Europa und herrschte über 2000 Besitztümer von der Lombardei bis Schottland. Clunys Macht gründete aber auch auf seiner großen intellektuellen Offenheit und Wissbegier. Hier wurden nicht nur die neuesten Wissenschaften und das Studium der antiken Kulturen sondern auch die Übersetzung des Korans in die lateinische Sprache gefördert.

Einer der prominentesten Mönche dieses Klosters war Peter Abaelard. Er war einer der umstrittensten Philosophen und Theologen des 12. Jahrhunderts, zunächst gefeiert, dann wegen seines Hochmuts gehasst und wegen seiner Liebe zu Eloïse mit Entmannung bestraft. Er wurde von Bernhard von Clairvaux und dem orthodoxen Klerus verfolgt, schließlich vom Papst zu dauernder Klosterhaft und ewigem Schweigen verurteilt. Er wurde von Abt Petrus Venerabilis in Cluny aufgenommen und stand fortan unter seinem Schutz. Mönchsein bedeutet eben nicht nur Zivilisationskritik und Weltentsagung, sondern auch Kritik an der Kirche. Weil die Kirche durch Verkündung und Seelsorge den Menschen in der Welt dienen, aber auch an der weltlichen Macht teilhaben will, trifft auch sie die Weltverachtung des Mönchs. Im Gegensatz zur hierarchischen Kirche hat das Mönchtum stets ein anarchistisches und ketzerisches Potential. Aus der Spannung zwischen Askese und Hierarchie bezieht das Mönchtum seine Dynamik und die Kraft, sich gegen Erstarrung und Routine immer wieder selbst zu erneuern.

EIER NACH DER ART VON CLUNY

Geflügelfleisch, Champignons, Schinken oder Zunge und Trüffel in kleine Würfel schneiden. In einer entsprechend großen Pfanne die Butter stark erhitzen, dann die Champignons zufügen, kurz danach auch die Trüffel und schließlich den Geflügelfond und die Crème double. Rasch auf die Hälfte einkochen. Dann das Geflügelfleisch zufügen. Nochmals kurz aufwallen lassen, vom Feuer nehmen und schnell 3 Eigelb in die Sauce ziehen. Nicht mehr kochen lassen. Diese Masse auf eine große gebutterte Platte geben, etwas ausstreichen, mit einem Stück Butter abtupfen und abkühlen lassen. Während dieser Zeit das Toastbrot zerbröseln, mit etwas Mehl bestäuben und in einem Tuch völlig zerdrücken. Nun durch ein feines Sieb treiben oder durch den Fleischwolf drehen: Damit hat man ganz frisches Paniermehl. Die abgekühlte Kroketten-Masse in ca. 50 g schwere Abschnitte zerteilen. Jeden leicht in etwas Mehl rollen, bis alle Teile die Form eines Korkens haben. Das Ei in einer kleinen Schüssel verschlagen, die Kroketten darin eintauchen und schließlich in dem Paniermehl wälzen. Erst zum Servieren die Kroketten in gut heißem Butterschmalz oder Öl frittieren. Sie müssen außen knusprig und golden, innen cremig weich sein. Mit Spiegeleiern anrichten und getrennt dazu eine Tomatensoße reichen.

Zutaten

250 g Geflügelfleisch, gekocht
100 g frische Champignons
100 g magerer gekochter Schinken oder geräucherte Zunge
50 g schwarze Trüffel (frisch oder konserviert)
150 g Butter
400 ml Geflügelfond (Glas)
1/2 Becher Crème double
3 Eigelb
50 g nicht zu frisches Toastbrot
50 g Mehl
1 Ei
Butterschmalz oder Öl

BIER

Durch Zufall wohl entdeckten die Sumerer oder deren Vorfahren den Gärungsprozess. Vielleicht wollte man einem kranken Menschen das Schlucken erleichtern und weichte ein Stück Brot in einem Krug Wasser ein. Der Krug wurde eine Zeit lang vergessen, und das Brot begann zu gären. Der Brei bekam dem Patienten, er wurde sehr vergnügt und beeilte sich, das Gebräu nachzuahmen – zu rein medizinischen Zwecken. Schnell machte das Rezept die Runde und somit brauten die Sumerer bereits um 3500 v. Chr. als vermutlich erstes Kulturvolk der Erde Bier. Sie hatten ein wirklich »göttliches Getränk« entdeckt. Auch die Ägypter brauten um 1500 v. Chr. Bier *(henket)*, und Pelusium am Nil galt vielen als das München der antiken Welt. Erst 1079 wird der Hopfen als Bierzutat erwähnt. Das Bier wurde haltbarer und sehr schnell ein wichtiges Handelsgut. Im 15. Jahrhundert gab es allein in Hamburg 450 Brauereien. Es gab unzählige Bestimmungen

EIER NACH KARDINALSART

sind wie der Rang der Kirchenfürsten sehr vornehme und ganz unasketisch luxuriöse Spiegeleier mit Hummerscheren und dünnen Trüffelscheiben (Dose), serviert mit Kardinalssauce

ZUTATEN

1 EL Butter
2 kleine Zwiebeln
2 EL Mehl
1/8 l halbtrockener Weißwein
1/2 l Fischfond
1 TL Krebsbutter
1/2 Zitrone
1 Prise Kurkuma (Gelbwurz)
Salz, weißer Pfeffer aus der Mühle
1/2 Becher süße Sahne
1/2 Becher Crème fraiche
Dill

Die fein gehackten Zwiebeln in Butter glasig werden lassen, mit dem Mehl binden. Mit Weißwein ablöschen und anschließend den Fischfond nach und nach einrühren. Die Krebsbutter dazugeben und den Saft der Zitrone langsam unterrühren, mit Kurkuma, Salz und Pfeffer würzen. Die süße Sahne und Crème fraîche einrühren, Sauce köcheln lassen. Abschließend Dill einstreuen.

FÜR DIE KREBSBUTTER, SOFERN MAN SIE NICHT FERTIG KAUFT, BRAUCHT MAN

12 Krebsschalen
6 TL Karotten, geraspelt
6 TL Zwiebeln, fein gewürfelt
50 g Butter

Gekochte Krebsschalen mit dem cremigen Teil im Inneren der Krebse zerdrücken (am besten im Mörser), in Butter mit Zwiebeln und Möhrenraspeln anbraten und durch ein Haarsieb streichen.

und Vorschriften für das Bierbrauen, die berühmteste ist das »Reinheitsgebot« von 1516.

Im Mittelalter war das Bierbrauen eine Domäne der Klöster. Man fand bald heraus, dass Bier nicht nur gegen Durst gut war: Dick und kräftig gebraut machte es satt, auch während der zahllosen Fastentage. Ein alter kirchlicher Grundsatz lautete: »Flüssiges bricht Fasten nicht.« Zu den meisten Klöstern gehörte Landwirtschaft, also wurde dort nun verstärkt Gerste angepflanzt. Das Bier der Mönche und Nonnen war bald besser als alles, was im weiten Umkreis gebraut wurde. Und die Äbte waren großzügig: Ekkehard von St. Gallen verfügte: »Für alle Klosterinsassen sind täglich sieben Essen mit reichlich Brot und fünf Zumessungen von Bier erlaubt. Das fünfte Essen zur Vesperzeit kann mit Wein eingenommen werden.«

Aus dieser »Zumessung« entstand später die »Maß«; fünf Maß täglich waren Klosterbrauch. Wie viel eine Maß hatte, schwankte von Kloster zu Kloster – zwischen einem und zwei Litern. Fünf Maß waren demnach fünf bis zehn Liter – täglich. So ließ sich notfalls auch eine längere Fastenzeit durchstehen.

Aber die Mönche haben nicht nur für den eigenen Bedarf gebraut. Jeder Pilger, jeder Reisende oder Bettler, der an die Klosterpforte klopfte, bekam eine Mahlzeit und Bier. Manchmal waren das 200 Leute am Tag. In einem bayerischen Kloster wurden jährlich 10.000 Pilger und Wanderer unentgeltlich gespeist.

»Bei St. Franziskus im Kloster
braut man vortrefflich Bier.
Bist du ein armer Teufel,
zahlst keinen Heller dafür.«

Die Braukunst setzte sich auch in den Städten durch, und bald führten die Landesfürsten Biersteuern ein. Da die Klöster grundsätzlich von Steuern befreit waren, wurden viele Klosterbrauereien kurzerhand geschlossen.

Die Brauerei lag vernünftigerweise direkt neben der Bäckerei, da beide dieselben Rohstoffe verwandten: Getreide, Wasser und Hefe. Da konnten die Brüder Bäcker jeden Abend beobachten, wie die anderen Mönche wegen ihrer Ration Bier anstanden, wobei sie gern entspannt die Arme über der Brust kreuzten, im Klosterlatein hieß diese Haltung *brachitum*. Die Form des Gebäcks erinnert an die verschlungenen Arme. Aus dem Wort *brachitum* entwickelte sich im Lauf der Zeit das Wort

HOCHFEINER BIERTEIG

ZUTATEN

3 Eier
1/4 l helles Bier
250 g Mehl
1 Pr. Salz
1 EL Kirschwassser
1 EL Öl

Eier trennen. Bier, Mehl, Salz, Kirschwasser, Öl und die Eigelb gut und glatt verrühren. Dann das Eiweiß zu steifem Schnee schlagen und unter den Teig heben. In diesen Teig kann man verschiedene Gemüse, Fisch und Fleisch aber auch Obst eintauchen und anschließend in der Friteuse ausbacken. Man kann nahezu jedes Gemüse, das vorher in Bierteig getaucht wurde, in der Friteuse ausbacken. Die Temperatur des Fettes sollte 175 °C betragen. In 3 bis 4 Minuten ist das Gemüse fertig. Auch Fisch kann, in Bierteig getaucht, verfeinert werden, in dem man je 1 EL Zitronensaft, Sojasauce und trockenen Sherry mischt, den Fisch damit beträufelt und 10 Minuten ziehen lässt. Die Fischwürfel in Bierteig tauchen und im heißen Fett (175 °C) goldbraun ausbacken. Mit einem etwas festeren Bierteig kann man auch leckere Apfelkrapfen herstellen: Äpfel schälen, Kerngehäuse entfernen und achteln. Äpfel hineinrühren und mit einem großen Löffel die Masse portionsweise ins Fett geben. Mit reichlich Zucker und etwas Zimt bestreuen, eventuell mit einer Vanillesauce servieren.

»Brezel«. Sagt jedenfalls eine der zahlreichen Legenden um dieses treffliche Gebäck.

DIE BAYERISCHE STAATSBRAUEREI WEIHENSTEPHAN ist die älteste noch bestehende Braustätte der Welt. Laut einer Urkunde wurde im Jahr 1040 dem Benediktinerkloster Weihenstephan unter Abt Arnold das Recht verliehen, in Freising Bier zu brauen und auszuschenken. Zweifel an jener Urkunde sind – wie so oft im Mittelalter, als das Fälschen von Urkunden alltäglich war – allerdings erlaubt. Nachweislich gab es aber schon 768 in der Nähe des Klosters einen Hopfengarten.

Obwohl das Bockbier gar nicht von hier stammt, sind Münchner Brauereien, die bis heute ihre klösterliche Herkunft in ihrem Namen tragen (Franziskaner, Paulaner) mit diesem starken Bier berühmt und reich geworden. Auch wenn man sich hier nur ungern daran erinnert, dass es wahrscheinlich aus der Stadt Einbeck in Niedersachsen stammt. Bereits im 11. Jahrhundert lieferten Einbecker Brauer Bier nach Hamburg, aus dem 13. Jahrhundert gibt es sogar Belege für Exporte nach Italien.

Bockbiere sind meist dunkel und werden traditionell im Frühjahr getrunken, daher auch der Name Maibock. Der Doppelbock ist mit mindestens 7 % Vol. noch stärker. Die Münchner Paulaner Brauerei hat mit ihrem »Salvator« dieses Starkbier weltbekannt gemacht. Die Mönche von St. Paula, denen die Brauerei im 17. Jahrhundert gehörte, waren für dieses nahrhafte Bier bekannt, das sie während der Fastenzeit brauten und »Salvator« (= Retter) nannten.

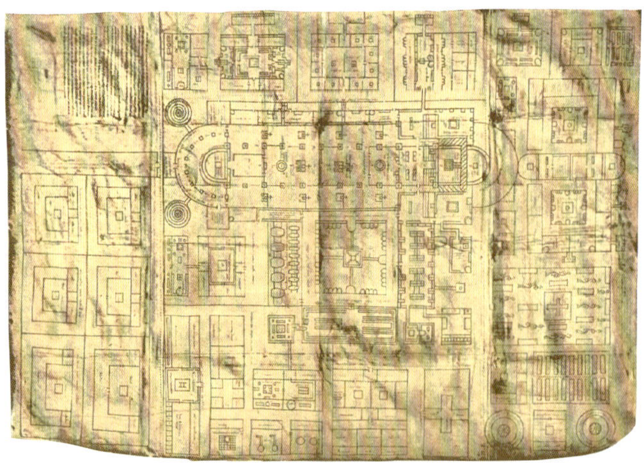

MÄRZ

2 Agnes
7 Felicitas
9 Franziska
17 Gertrud
19 Josefi
25 Mariä Verkündigung
31 Apostel Judas Iskariot

Der Name des Monats leitet sich vom lateinischen *mensis Martius* ab, dem Monat des Kriegsgottes Mars. Der März war immer schon reich an Bräuchen zur Feier des wiederkehrenden Frühlings, die zum Teil antiken Ursprungs sind. Der alte deutsche Name des März war »Lenzmond«. Mit ihm beginnt das Naturjahr: Überall grünt es und die Knospen sprießen. Die Frühblüher Märzenbecher, Krokusse, Anemonen, Kuhschellen, Leberblümchen, Narzissen und Tulpen erfreuen das Auge des Naturliebhabers. Es sind immer mehr Vogelstimmen zu hören, und in der ersten warmen Regennacht wandern die Kröten zu ihren Brunft- und Laichplätzen.

»Der März kommt wie ein Löwe«, sagen die Meteorologen, wenn am Anfang des Monats ein Kälterückfall, der so genannte Märzwinter, einsetzt. Landwirte und Gärtner sehen sich um mehrere Wochen zurückgeworfen.

17. MÄRZ GERTRUD

Die Heilige Gertrud, 631 geboren als Gertrud von Nivelles, war Tochter Pippins des Älteren. Sie wurde Äbtissin des von ihrer Mutter Iduberga (Itta) gegründeten Klosters Nivelles in Südbrabant (Belgien) und widmete sich der Bildung und der Mystik ehe sie im Alter von nur 33 Jahren starb.

Gertrud ist die Patronin der Reisenden und Spinnerinnen. Ihr Tag galt als Beginn der ländlichen Frühlingsarbeit, sie selbst als Frühlingsbotin. Wie die Arbeiten im Freien an ihrem Tag aufgenommen werden, so erliegen die Arbeiten im Haus, etwa das Spinnen. Der Teufel versuchte sie einmal – vergeblich – in Gestalt einer Maus. Nach einer anderen Legende vermochte Gertrud eine Plage von Mäusen und Ratten durch ihr Gebet zu beenden. Die Anrufung Gertruds gilt daher als wirkungsvoll gegen Nagetiere, den es hieß: »Gertrud mit der Maus treibt die Spinnerinnen raus.« Als Patronin der Reisenden weiht man ihr am Vorabend der Abreise einen Trunk, die »Gertrudenminne«.

Dargestellt wird Gertrud mit Spinnrocken in der einen und einer Maus in der anderen Hand oder mit Katze und Kreuz. Gertrud von Nivelles ist Patronin der Krankenhäuser, der Pilger und Reisenden, der Armen und der Witwen, der Gärtner und der Feldfrüchte und wird gegen Mäuse- und Rattenplagen angerufen.

Es beginnt also die Gartenarbeit, und das Fass mit Sauerkraut geht langsam zur Neige. »... wovon sie besonders schwärmt, wenn es wieder aufgewärmt.« Dieser Satz von Wilhelm Buschs Witwe Bolte scheint als Synonym für Sauerkraut zu stehen. Und dennoch, Sauerkraut wird heute anders erlebt: als Sauerkraut das »Powerkraut«, voller Nähr- und Wirkstoffe, ideal für eine energiearme, aber ballaststoffreiche Ernährung mit viel Vitamin B und C. Und es ist reich an Natrium, Kalium, Calcium, Phosphor und Eisen. Ein Gemüse, das möglichst roh gegessen werden sollte, um den ganzen Vorteil dieser Nährstoffe zu nutzen.

Bis heute ist nicht nachgewiesen, wann und wo Sauerkraut erstmals genossen wurde, doch bereits Hippokrates war von der gesundheitsfördernden Wirkung des Sauerkrautes überzeugt.

Als die Chinesen vor mehr als 2000 Jahren ihre große Mauer bauten, hatten sie kaum etwas anderes zu essen als Reis. Daher fingen sie an, ihre tägliche Reisportion mit eingemachtem sauren Kohl zu würzen. Als Dschingis Khan sie überfiel, nahm er mit vielen anderen Waren auch das Rezept für die Herstellung von Sauerkraut mit, und durch die Mongolen gelangte diese Delikatesse schließlich nach Europa.

Im 15. Jahrhundert wurde es im Elsass von Mönchen als Fastenspeise hergestellt. Mit verschiedenen Gewürzen wurde der Geschmack des Krautes dann unermüdlich verfeinert, und besonders im Elsass ist Sauerkraut bis heute von keiner Speisekarte wegzudenken.

Später fanden auch Seeleute am Sauerkraut Gefallen, als sie feststellten, dass diese Speise dem Skorbut vorbeugt. Außerdem lässt sich Sauerkraut längere Zeit aufbewahren, was auf langen Seereisen ideal ist.

19. März JOSEFI

Am Tag des Heiligen Josef wird in Bayern traditionell das frisch gebraute Märzenbier angezapft. Märzenbier – im März gebraut und heute noch auf dem Oktoberfest ausgeschenkt – war wegen seiner Lagerfähigkeit stärker als die üblichen Biere. Das Oktoberfestbier wurde im März angesetzt und war im Herbst trinkfertig. Auch wenn die heutige Bierproduktion über jede Jahreszeit erhaben ist, das Oktoberfest markiert eher zufällig im natürlichen Jahresrhythmus die Zeit der Ernte, der Fülle und ist das letzte große rauschhafte Fest, bevor der Winter kommt.

Das Märzenbier ist ein kräftiges Bier, das durch die höhere Stammwürze von 13,5 % nicht nur einen etwas höheren Alkoholgehalt hat, sondern auch sehr vollmundig ist. Durch die geringe Hopfenbeigabe hat das Münchner Oktoberfestbier eine leichte Hopfenbitterkeit und schmeckt leicht süßlich mit malziger Note.

Das Münchner Oktoberfestbier wurde erstmals 1810 ausgeschenkt. Vor der Erfindung der Kältemaschine war der März der letzte Monat, in dem es möglich war, vor dem warmen Sommer untergäriges Bier zu brauen, weil für die Vergärung mit untergäriger Hefe eine Temperatur von 6 bis 10 °C erforderlich ist. Dieses letzte Märzenbier im Jahr wurde grundsätzlich etwas stärker eingebraut, bis in den Herbst gelagert und zu den Volksfesten getrunken.

SAUERKRAUT ROHKOST

Zutaten

200 g Sauerkraut
20 g Walnüsse
150 g Weintrauben (alternativ Birnen, Ananas oder rote Paprikaschoten)
1 TL Apfel- oder Birnendicksaft
weißer Pfeffer aus der Mühle
1 TL Sonnenblumenöl

Sauerkraut zerpflücken, Walnüsse grob gehackt dazugeben und die halbierten Weintrauben oder in Stücke geschnittenes Obst darunter mischen. Mit Dicksaft und Pfeffer abschmecken, Öl dazugeben und alles sorgfältig mischen.

25. März Mariä Verkündigung

An diesem Tag feiert man die Ankündigung der Geburt Jesu an Maria (Luk. 1, 26 ff.) durch den Erzengel Gabriel. Der Tag wird seit Mitte des 6. Jahrhunderts gefeiert und war ursprünglich die christliche Überwölbung heidnischer Riten zum Frühlingsanfang. »An Maria Verkündigung kommen die Schwalben wiederum«, weiß der Volksmund. Man wartet auf die Frühlingsboten Storch und Schwalbe, die im Volksglauben als Marias Tier gilt.

Sahen die Bauern die ersten Schwalben, so machten sie die Fenster auf, denn wo sie nisteten, schützten sie vor Blitzschlag. Begrüßen wir den Frühling mit einer frischen Wildkräutersuppe:

Wildkräutersuppe

Zutaten

3 Tassen gehackte Wildkräuter
(z.B. junger Löwenzahn, Brennesselspitzen – kurz blanchiert, Scharbockskraut, Brunnenkresse, Gänseblümchen, Geißfuß, Rapunzel, Gundermann, Bärlauch, etwas Schafgarbe, Wiesenkümmel, Bibernelle, Wiesenknopf, Beinwell, Gundelrebe, Veilchenblüten, Schlüsselblumenblätter und -blüten, Lungenkrautblätter und -blüten und auch Gartenkräuter wie Kerbel, Kresse, Petersilie, Borretsch, ganz wenig Liebstöckel, Oregano)
1 Zwiebel
1 Knoblauchzehe
50 g Butter
1/4 l Weißwein
1/2 l Gemüsefond
1 Becher Dickmilch
50 g Sahne
Salz
weißer Pfeffer

Die Kräuter gründlich waschen. Zwiebel und Knoblauch pellen, klein schneiden und in der Hälfte der Butter anschmoren. Zwei Drittel der Kräuter dazugeben. Mit Wein und Fond aufgießen und 5 Minuten kochen, mit dem Handmixstab grob pürieren. Die übrigen Kräuter fein hacken, mit der Dickmilch und Sahne vermengen und in die Suppe rühren. Zusammen erhitzen, aber nicht mehr kochen lassen. Die Suppe mit Salz und Pfeffer abschmecken, mit Butter verfeinern, mit ein paar Blüten verzieren und sofort servieren.

AM TAG MARIÄ VERKÜNDIGUNG kam im Benediktinerkloster Pannonhalma in Ungarn wieder der so genannte Frauenfisch, frischer Schill, auch Zander oder in Ungarn Fogos genannt, auf den Markt. Die ersten Benediktiner kamen im Jahr 996 nach Ungarn und haben sich bei dem kleinen Dörfchen Pannónia angesiedelt. Hier wurde die erste Hochschule Ungarns gegründet und in der Gründungsurkunde der Abtei ist das erste schriftliche Dokument über den Weinanbau zu finden.

SCHILL MIT SARDELLENBUTTER

ZUTATEN

2 kg Schill (Zander)
2 Sardellen
Butterschmalz
100 g Butter
3 Sardellen, passiert

Fisch schuppen und ausnehmen. Auf einer Seite die Haut abziehen. Fisch mit Sardellenstreifen spicken. Mit der Hautseite in heißes Butterschmalz geben und unter fleißigem Begießen im vorgeheizten Backofen bei 200 °C auf der zweiten Schiene von unten 15 Minuten garen. Kurze Zeit vor dem Anrichten den Fisch mit zerlassener Butter übergießen, die mit den drei passierten Sardellenfilets vermengt wurde.

APRIL

7 Hermann Joseph
16 Bernadette
23 Georgi
25 Apostel Markus
30 Walpurgisnacht

Tulpen, Osterglocken, Iris, alle erdenklichen Grüntöne – die Natur lebt bunt und kraftvoll auf. Deshalb nannten die Römer den Monat April, abgeleitet vom lateinischen *aperire* (öffnen).

Die Wurzel des Aprilscherzes ist schwer zu ergründen und es gibt zahlreiche Deutungen. So wurden auch germanische Frühlingsbräuche von allerlei Unfug begleitet. Die Römer feierten in den ersten Aprilnächten rauschende Feste zu Ehren der Göttin Venus, in deren Mittelpunkt zahlreiche Streiche standen. Möglicherweise hängt der Brauch aber auch mit der Gregorianischen Kalenderreform 1584 durch Karl IX zusammen: Da der Neujahrstag vom 1. April auf den 1. Januar verschoben wurde, führte dies zu mancherlei Verwirrungen. Zeitgenossen, die immer noch am 1. April zur Neujahrsfeier einluden, ernteten natürlich reichlich Spott. Während des 30-jährigen Krieges soll der Brauch, jemanden »in den April schicken«, aus Frankreich nach Deutschland gekommen sein. In Deutschland ist der Aprilscherz erst 1618 nachzuweisen.

7. APRIL HERMANN JOSEPH

Das Kloster Steinfeld bei Kall in der Nordeifel wurde im Jahr 1070 begründet und übernahm um 1130 die Regel des 1120 von Norbert von Xanten gegründeten Prämonstratenserordens. 1184 wurde Steinfeld zur Abtei erhoben. Nach der Säkularisation (1802) diente das Kloster verschiedenen weltlichen Zwecken, bis es 1923 von den Salvatorianern neu belebt wurde. Steinfeld ist eines der besterhaltenen klösterlichen Baudenkmäler des Rheinlandes, ein Ort lebendiger, Kultur und Tradition. Die Salvatorianer gründeten ein Gymnasium und ein Internat für Jungen, sie betreiben eine Verlagsbuchhandlung und eine Bildungsstätte mit Gästehaus. Im Kloster wird ein Heiliger ganz besonders verehrt: Hermann Joseph wird um 1150 in Köln geboren und wächst in einfachen Verhältnissen auf. Mit zwölf Jahren verlässt der Hochbegabte Köln, um an der Schule des Prämonstratenser-Klosters in Steinfeld zu lernen. Beinahe 90-jährig, am 7. April 1241, stirbt er bei den Zisterzienserinnen von Hoven bei Zülpich. Er wird als der sanfte Heilige noch heute im Kölner Umland und vor allem in der Eifel verehrt, wovon der weitverbreitete und beliebte Vorname zeugt.

ERBSENSUPPE NACH IRMI HOFFMANN

Zutaten

100 g getrocknete Erbsen
1 kleine Stange Porree
4 mittelgroße Kartoffeln
1 Möhre
1/8 Knolle Sellerie
50 g Speck, fein gewürfelt
1 kleine Zwiebel, fein gewürfelt
2 Würstchen
Salz
Majoran

Erbsen am Vortag einweichen. Im Einweichwasser bei geringer Hitze 1 1/2 Stunden kochen. Porree putzen, waschen und in dünne Streifen schneiden. Kartoffeln schälen, waschen und in kleine Würfel schneiden. Möhren und Sellerie waschen, schälen, reiben und mit den Porreestreifen und den Kartoffelwürfeln in der kochenden Erbsensuppe garen. Speck auslassen, die Zwiebelwürfel darin andünsten, dann zur Suppe geben. Die Würstchen in feine Streifen schneiden und in der Suppe gut erhitzen. Erbsensuppe mit Salz und Majoran würzen.

TRAPPISTEN

Im Süden des Kreises Düren oberhalb der Stadt Heimbach erhebt sich das einzige Trappistenkloster Deutschlands: die Abtei Mariawald. Seit 1475 wird hier Maria als »Mutter der Sieben Schmerzen« verehrt.

Im Ökumenischen Heiligenlexikon heisst es über den Orden, der im 17. Jahrhundert als Reformbewegung aus den Zisterziensern hervorging: Diejenigen Trappisten, die noch die traditionelle Regel befolgen, gehören zu den asketischen katholischen Orden. Ihr Tagesablauf umfasst Gebete, Lektüre und Handarbeit. Sie essen, schlafen und arbeiten in völliger Stille und essen weder Fisch noch Fleisch.

Im Jahr 1860 – nach der üblichen Enteignung im Zuge der Säkularisation – haben die »Zisterzienser der Strengeren Observanz« aus der Abtei Ölenberg im Elsass die im Wesentlichen gut erhaltene, mittelalterliche Klosteranlage gekauft und wieder aufgebaut. Die Abtei Mariawald betreibt bis heute Land-, Vieh- und Forstwirtschaft. Die Bewirtschaftung erfolgt nach den Richtlinien der Extensivierung (standortangepasste Landwirtschaft): Es werden weder Mineraldünger noch Pestizide verwandt; die Anzahl der Tiere ist an die Größe des Grünlandes angepasst, die Rinder erhalten keinerlei Kraftfutter. Das Kloster bietet »Mariawalder Wiesenheu« für Kleintiere und Pferdehaltung, Likör, Honig aus eigener Imkerei und Pferde. In der Gaststätte gibt es Trappistenkäse (aus einer anderen Abtei), Trappistenbier, Mariawalder Kuchen, Mariawalder Klosterlikör und Trappisten-Abteitropfen. Die Steinfelder Erbsensuppe, die am 7. April den beinahe 1000 Gästen angeboten wird, ist ziemlich berühmt. Sollten Sie einmal wirklich viele Gäste verköstigen müssen, gibt es in dem Buch von Irmi Hoffman »Köstlichkeiten aus Klöstern« ein Rezept für 450 Liter Erbsensuppe. Sie brauchen lediglich 70 kg getrocknete Erbsen, 500 Würstchen, 18 kg Speck, 2 kg Möhren, 2 kg Sellerie, 50 Stangen Porree, 10 kg Zwiebeln und 20 kg Kartoffeln. Links ihr Rezept für vier Personen.

TRAPPISTENBIERE AUS BELGIEN

Berühmte Erzeugnisse der Trappistenklöster sind Käse und Bier. Unter den zahlreichen »Klosterbieren« darf als »Trappistenbier« nur bezeichnet werden, was tatsächlich aus einem der sechs brauenden Trappistenklöster in Belgien stammt, zum Beispiel aus den alten Klöstern Chimay und Orval im Südwesten. Aus dem Kloster Chimay kommt ein dunkles Vollbier, das seit Gründung der Klosterbrauerei im Jahre 1862 gebraut wird und das helle, goldfarbene Starkbier. Dazu ein dunkles Starkbier, ursprünglich als Weihnachts- und Festtagsbier gebraut.

Eine berühmte Spezialität ist die *Carbonade flamande* (siehe rechts), deren fast unverzichtbarer Bestandteil die *Gueuze* ist, eine urbelgische Bier-Spezialität. Der leicht säuerliche Hopfensaft macht in der Flasche eine zweite Gärung durch. Das wohl prominenteste Bier ist benannt nach dem Brüsseler Bierlokal *A la Mort Subite* (Zum plötzlichen Tod), das nicht etwa so heißt, weil das Hausbier schlecht bekömmlich ist, sondern wegen eines Würfelspiels, das hier noch heute gespielt wird.

FLÄMISCHE KARBONADE

ZUTATEN

2 Zwiebeln
1 kg Rindergulasch, grob gewürfelt
Öl zum Braten
1 EL Mehl
500 ml Gueuze
1 Zweig Thymian
1 Lorbeerblatt
2 Würfelzucker
1 TL Essig
1 Weißbrotscheibe, entrindet
2 EL Senf, scharf
Salz
Pfeffer aus der Mühle

Zwiebeln in dünne Ringe schneiden. Fleischwürfel in Öl im Bratentopf von allen Seiten anbraten und herausnehmen. Zwiebeln in den Topf geben und schmoren, bis sie Farbe annehmen. Mit Mehl bestäuben und unter Rühren zwei Minuten weiter schmoren. Fleisch wieder dazugeben und das Bier angießen. Mit Wasser auffüllen, bis das Fleisch knapp bedeckt ist. Thymian, Lorbeerblatt, Zucker und Essig dazugeben. Das Weißbrot mit Senf bestreichen und auf das Fleisch legen. Zugedeckt zwei Stunden bei milder Hitze schmoren lassen, bis das Fleisch zart und mürbe ist, dabei ab und zu umrühren. Vor dem Servieren Thymian und Lorbeerblatt herausnehmen. Das Weißbrot hat sich inzwischen völlig aufgelöst. Eventuell noch mit Salz und Pfeffer abschmecken.

GRÜNDONNERSTAG

SEIT ETWA 1500 JAHREN FEIERN DIE CHRISTEN den Gründonnerstag zur Erinnerung an die Feier des letzten Abendmahls. Jesus forderte seine Jünger auf, fortan gemeinsam das Abendmahl zu feiern. Die Gläubigen werden an diesem Tag der Trauer in vielen Gemeinden von den Messdienern mit Holzklappern und Ratschen zum Gottesdienst gerufen, weil die Kirchenglocken stumm bleiben.

Die Asche des Heiligen Fructuosus, Märtyrer-Bischof von Tarragona, wurde im 8. Jahrhundert vor der arabischen Invasion Spaniens ins ligurische Camogli gerettet. Seinen bescheidenen Klosterbau zerstörten islamische Piraten, doch im 10. Jahrhundert errichteten die Benediktiner ein neues Kloster. Mit großen Besitzungen in Genua und kaiserlichen Privilegien ausgestattet galt San Fruttuoso als eines der reichsten Klöster Liguriens. 1275 übernahm die berühmte Genueser Familie Doria das Patronat, erbaute den Schautrakt am Ufer und bestimmte San Fruttuoso zur Grablege ihres Geschlechts. Admiral Andrea Doria ließ 1550 den Wehrturm errichten. Heute ist die Anlage umfassend restauriert und in ein Museum umgewandelt worden. Die Mönche von San Fruttuoso überlieferten das folgende Rezept:

Ligurische Ostertorte

Zutaten für den Teig

500 g Mehl
160 g Butter
1/4 l Wasser
1 EL Essig
1 TL Salz

Zutaten für die Füllung

500 g Spinat
1 Zwiebel, gewürfelt
2 EL Öl
etwas Salz
weißer Pfeffer aus der Mühle
geriebene Muskatnuss
250 g Quark
125 g saure Sahne
50 g Butter
Butter zum Einfetten
6 Eier
30 g Parmesan, gerieben

Das Mehl, die weiche Butter, Wasser, Essig und Salz zu einem geschmeidigen Teig verkneten. Teig halbieren und beide Hälften zugedeckt etwa 30 Minuten im Kühlschrank ruhen lassen. Spinat putzen. Zwiebelwürfel in heißem Öl glasig dünsten. Spinat dazugeben und zugedeckt 5 Minuten mitdünsten. Mit Salz, Pfeffer und Muskat abschmecken und abkühlen lassen. Quark und saure Sahne verrühren und mit Salz würzen. Butter schmelzen und abkühlen lassen. Inzwischen auf einer bemehlten Arbeitsfläche die Hälfte des Teiges für eine Springform ausrollen. Form (Durchmesser 26 cm) einfetten und mit dem Teig auskleiden, den Rand andrücken. Teig mehrmals mit einer Gabel einstechen und mit der flüssigen Butter bestreichen. Darauf den Spinat verteilen und darüber die Quarkmasse geben und 6 Stücke markieren. In jedes mit einem Esslöffel eine große Vertiefung drücken und je einen Teelöffel Butter und je ein aufgeschlagenes Ei hinein geben. Mit Parmesan bestreuen. Zweite Teighälfte in 6 Portionen teilen. Jedes Teigstück im Durchmesser von 26 cm auf einer bemehlten Arbeitsfläche hauchdünn ausrollen. Übereinander auf die Füllung legen, dabei jede Platte mit einem Teil der restlichen Butter bestreichen. Ostertorte im vorgeheizten Backofen bei 220 °C etwa 50 Minuten backen. Nach dem Backen vorsichtig aus der Form lösen, in 6 Stücke schneiden und heiß servieren.

KARFREITAG

Die Silbe »Kar-« stammt vom althochdeutschen *chara* (= Wehklage). Karfreitag und Karsamstag beschließen die Karwoche, die nach dem Palmsonntag beginnt. Der Karfreitag wird seit dem 2. Jahrhundert als Trauertag begangen, denn er gilt als Todestag Jesu, an dem der Prozess, die Hinrichtung und die Beerdigung Jesu stattfanden. Am Karfreitag musste jede Arbeit ruhen. Insbesondere der Schmied war angehalten, Hammer und Nägel – die Leidenswerkzeuge – liegen zu lassen. Auf manchen Tätigkeiten hingegen ruhte besonderer Segen: Haare schneiden am Karfreitag sollte den Haarwuchs fördern, am Karfreitag gesäte Blumen versprachen besonders groß und bunt zu blühen, und wer ein glühendes Bügeleisen in »Karfreitagswasser« tauchte, erhielt ein sicheres Mittel gegen die Warzen. Alte Chroniken wollen wissen, dass früher an den jeweils höchsten Feiertagen der einen Konfession Angehörige der anderen gern Jauche fuhren, also die Katholischen an Karfreitag, die Evangelischen am Ostersonntag. Aber das ist lange her.

Ursprünglich durfte man an diesem Tag überhaupt nichts essen oder trinken. Heute essen die Christen am Karfreitag Fisch, weil der Fisch eines der ältesten Symbole ist, mit dem sie sich zu erkennen gaben. Fisch heißt auf griechisch *Ichthys*. Das sind die Anfangsbuchstaben von *Iesus Christos Theos Yos Soter* (Jesus Christus, Gottes Sohn, Retter). Darüber hinaus ist es christliche Tradition, dass an Fastentagen generell auf Fleisch verzichtet wird.

Die Abtei Saint Victor in Genf belieferte traditionell das mächtige burgundische Kloster Cluny mit Forellen. Ab dem 11. Jahrhundert wurde hier am Mittag eine warme Hauptmahlzeit eingenommen. Die Mönche von Cluny bekamen je ein Stück Forelle, den beiden Prioren stand je eine ganze Forelle zu.

Für viele Seefische hat die Zeichensprache von Cluny ein eigenes Symbol, darunter Hering, Stör, Lachs, Aal, Meeräsche, Dorsch, Sardine und Sardelle. In Sankt Gallen kamen im 10. Jahrhundert noch Meerbarbe, Knurrhahn, Wal und Pottwal auf die Liste der gepriesenen Fische. Ein wahrhaft üppiges Angebot für eine Fastenspeise.

Der Kabeljaufang begann im 9. Jahrhundert und die norwegischen Mönche wurden zu wahren Spezialisten. Seinen Höhepunkt erreichte der Kabeljaufang mit der Entdeckung der Neuen Welt, wo der Fischreichtum zu bestimmten Jahreszeiten damals noch schier unerschöpflich war.

FORELLE AUS DEM OFEN

Zutaten

4 Forellen, à 300-350 g
Salz und Pfeffer
200 g frische Champignons
1 Bd. Frühlingszwiebeln
2 unbehandelte Zitronen
1 Bd. glatte Petersilie
Butter
Olivenöl

Für die Vinaigrette

6 Tomaten
frisches Basilikum
2 EL Balsamico-Essig
Salz
Pfeffer aus der Mühle
3 EL Olivenöl
Zucker
Zitronensaft

Forellen abspülen, säubern und mit Küchenkrepp trocken reiben, salzen und pfeffern. Champignons und Frühlingszwiebeln putzen und in Scheiben schneiden, Zitronen waschen und würfeln, Petersilie grob hacken. Jede Forelle auf ein Stück Alufolie legen, mit dem Gemüse und den Zitronenwürfeln füllen und je einen Esslöffel Butter und einen Strahl Olivenöl dazugeben. Alufolie verschließen, auf ein Backblech legen und 20 Minuten lang bei 200 °C im Backofen garen.

Für die Vinaigrette Tomaten überbrühen, häuten und das Fleisch in kleine Würfel schneiden. Basilikumblätter abspülen, trocknen und in dünne Streifen schneiden. Balsamico mit Salz und Pfeffer verrühren, Olivenöl dazugeben und erneut verrühren. Zum Schluss Tomatenwürfel und Basilikum unterheben. Eventuell mit etwas Zucker und ein wenig Zitronensaft abschmecken.

DORADE IN SALZTEIGKRUSTE

ZUTATEN
100 g Hummerbutter
250 g Mehl
125 g Meersalz
125 g Salz
1/2 Bd. Thymian
2 Eiweiß
etwas Wasser
1 Dorade
Salz
Pfeffer
1 Eigelb
Butterflocken

Aus der Hummerbutter mit einem Teelöffel 8 Flocken formen und kalt stellen. Den Ofen auf 200 °C vorheizen. Mehl mit beiden Salzsorten und fein geschnittenem Thymian vermischen. Mit dem Knethaken das Eiweiß und Wasser nach und nach unterkneten. Der Teig soll fest sein, sonst dünstet der Fisch darin. In Klarsichtfolie einwickeln und kalt stellen. 2 Bögen Alufolie von 20 x 30 cm Größe aufeinander legen. Die Ränder hochschlagen, so dass eine Kastenform entsteht. Die Dorade mit Salz und Pfeffer einreiben und in die Form legen. 30 g Hummerbutter in Flöckchen auf dem Fisch verteilen. Die Arbeitsfläche mit Mehl bestreuen, den Salzteig so ausrollen, dass die Form darin eingeschlagen werden kann. Kastenform rundherum darin einschlagen, so dass die Dorade eingeschlossen ist. Die Teignaht sorgfältig versiegeln. Den Teig mit dem verschlagenen Eigelb einstreichen und im Ofen 15 Minuten backen. Die Kruste sollte goldbraun sein. 10 Minuten ruhen lassen. Die restliche Hummerbutter erhitzen.

Kurz vor dem Servieren der Dorade nochmals 3 Minuten in den Ofen schieben. Eine Platte mit einer Stoffserviette auslegen und den Fisch in der Teigkruste darauf setzen. Mit einem spitzen Messer einen Deckel von der Größe des Fisches ausschneiden. Den Fisch auf Teller verteilen und mit der Hummerbutter beträufeln. Mit den vorbereiteten Butterflocken garnieren.

OSTERN

DER VIERTE MONAT DES JAHRES HEISST OSTERMONAT, weil Ostern häufig in den April fällt – frühestens auf den 22. März, spätestens auf den 25. April. Ostern wird seit dem Konzil von Nicäa (325) am Sonntag nach dem ersten Frühjahrsvollmond gefeiert. Es ist das höchste Fest der Christen, denn man feiert die Auferstehung Jesu, der damit nicht nur seinen eigenen Tod überwunden hat, sondern allen Menschen die Errettung von Tod und Leid verspricht und ihnen ewiges Leben zusagt.

Der Name »Ostern« leitet sich von »Ostara« oder »Eoastrae« ab, der altgermanischen Göttin der Morgenröte, des Frühlings und der Fruchtbarkeit, denn Ostern steht, wie viele Fruchtbarkeitsfeste der Antike, in Zusammenhang mit dem Wiedererwachen der Natur.

Das höchste christliche Fest überliefert uraltes Brauchtum, aus der jüdischen wie auch aus der heidnischen Welt. Das jüdische Passahfest wird am 14. Nissan gefeiert, am Tag des ersten Vollmonds im Frühling. Auch das christliche Osterfest erinnert in seiner Liturgie an jüdische Traditionen, das Passahmahl, den Auszug der Juden aus Ägypten und den Untergang ihrer Unterdrücker im Roten Meer.

»Im jüdischen Passah«, so Becker-Huberti weiter, »sind zwei unterschiedliche Feste eins geworden: Das Hirtenfest *Chag Ha-Pessach* (= Feier des Pessach-Lammes) und das Bauernfest *Chag Ha-Mazzot* (= Feier des ungesäuerten Brotes). Das erstgenannte Fest ist das ältere, das die Juden noch als nomadische Hirten in der Wüste feierten.«

Am Abend des Karsamstag, oft aber auch am frühen Morgen des Ostersonntags, versammeln sich die Gemeinden in den dunklen Kirchen. Die Osterkerze, die kurz vorher am Osterfeuer vor der Kirche entzündet und gesegnet wurde, wird hereingetragen und ihr Licht an alle Teilnehmer verteilt. Auch die Weihe des Wassers und, wenn möglich, eine Taufe gehören zu der Feier. Die christliche Landbevölkerung trägt am Ostersonntag verschiedene Speisen zur Weihe, darunter Osterbutter und Osterfladen, Osterzöpfe und Osterlämmer. Ostereier werden bemalt und verziert und schließlich verschenkt. Mit den hartgekochten Eiern vergnügen sich am Nachmittag die Kinder beim Eierspöcken: Zwei Eier werden aneinander geschlagen und wessen Schale dabei zu Bruch geht, muss sein Ei hergeben.

Brot, Hase und Ei waren und sind Symbole der Fruchtbarkeit und der ewigen Wiederkehr des Lebens. Und da strenggläubige Christen während der Fastenzeit keine Eier und Eierspeisen aßen, die Hühner aber fleißig weiter legten, hatte man an Ostern Eier im Überfluss.

OSTERLAMM

ZUTATEN (FÜR EINE FORM VON ETWA 700 BIS 800 ml INHALT)

125 g weiche Butter
Semmelbrösel
125 g Zucker
1 Pck. Vanillezucker
Pr. Salz
Backöl Zitrone
3 kleine Eier
100 g Weizenmehl
50 g Kokosflocken
Puderzucker

Die Lämmchenform mit etwas Butter ausfetten und mit den Semmelbröseln ausstreuen. Die restliche Butter mit dem Handrührgerät mit Schneebesen schaumig rühren. Den Zucker mit dem Vanillezucker und dem Salz in kleinen Portionen unterrühren bis er sich gelöst hat. Einige Tropfen Backöl Zitrone zum Teig geben. Die Eier einzeln jeweils eine Minute unterrühren. Das Mehl sieben und dazugeben. Die Kokosflocken in einer Pfanne ohne Fett anrösten, abkühlen lassen und unter den Teig heben. Bei 170 bis 200 °C ungefähr 40 Minuten backen. Nach dem Ende der Backzeit das Lämmchen in der Form abkühlen lassen, dann aus der Form nehmen und völlig erkalten lassen. Abschließend mit gesiebtem Puderzucker bestreuen.

DIE HEILIGE HILDEGARD VON BINGEN schätzte das Lammfleisch über alles und maß ihm große Bedeutung für unsere Gesundheit bei. Sie schrieb dazu: »Das Fleisch des Schafes ist für Gesunde und für Kranke gut zu essen. Dieses Fleisch ist im Sommer gut zu essen, weil die Hitze es wärmt, im Winter aber taugt es nicht zum Essen, da es kalt ist und weil der Winter auch kalt ist.« Also fängt an Ostern, wenn das Wetter wärmer ist, die Lammfleisch-Saison an.

In dem folgenden Rezept werden Kräuter und Gewürze verwendet, die in der Küche der Hildegard eine große Rolle spielen: Der *Galgant* ist ursprünglich in Thailand und Südkorea heimisch. Der mit dem Ingwer verwandte Wurzelstock enthält ätherisches Öl und Harze, die den scharfbitteren Geschmack bewirken. *Bertram* lockt, nach Hildegard von Bingen, »im Mund Feuchtigkeit und Speichel an, weil er schlechte Säfte ausleitet und Gesundheit zurückgibt.« Die Bertramwurzel stammt aus dem Mittelmeerraum und dem Kaukasus und wird bei Verdauungsstörungen angewendet. *Ysop* wird im Mittelmeerraum seit etwa 2000 Jahren als Heilpflanze verwendet. Benediktinermönche pflanzten in ihren Klostergärten Ysop als Heilmittel gegen Kopfschmerz, Lepra und Rheuma an, bevor es für die Küche genutzt wurde.

LAMMKEULE NACH HILDEGARD VON BINGEN

Die Lammkeule enthäuten und das Fett soweit wie möglich wegschneiden. Dann eine Marinade aus der fein gewürfelten kleinen Zwiebel und den durchgepressten Knoblauchzehen herstellen und mit den fein gehackten Kräutern mischen. Mit Salz und Pfeffer in einer Schüssel mischen und mindestens 10 Minuten ziehen lassen. Dann etwas Sonnenblumenöl, saure Sahne und 1/8 l Weißwein dazu geben und mit dieser Marinade die Lammkeule einreiben. Einige Stunden – am besten über Nacht – ziehen lassen. Die Lammkeule in einer Bratreine zusammen mit dem Sellerie von allen Seiten braun anbraten, mit Wasser ablöschen und den Bratensatz mit Wasser lösen, so dass die Lammkeule zur Hälfte in der Sauce liegt. Dann mit dem Rest Weißwein und dem Rest der Marinade in den Backofen schieben und dort etwa 2 Stunden bei 160 °C schmurgeln lassen. Danach die Keule zum Knusprigwerden auf den Rost unter dem Grill legen. Die Sauce durchseihen, mit etwas Dinkelmehl andicken und mit Dinkelspätzle oder -nudeln servieren.

ZUTATEN

1 Lammkeule
1 kleine Zwiebel
2-3 Knoblauchzehen
Kräuter:
glatte Petersilie,
Ysop, Thymian, Galgant,
Quendel (wilder Thymian),
Bertram
Salz
schwarzer Pfeffer
aus der Mühle
Sonnenblumenöl
1/2 Becher saure Sahne
1/4 l trockener Weißwein
1/4 Knolle Sellerie,
fein gewürfelt
etwas Dinkelmehl

WEISSER SONNTAG

DER NAME DES ZWEITEN SONNTAGS DER OSTERZEIT hat seinen Ursprung in der frühen Kirche: Die in der Osternacht Getauften trugen ihre weißen Taufkleider während der gesamten Osterwoche (»Weiße Woche«) bis einschließlich des Sonntags nach Ostern. Heute gehen an diesem Tag in vielen Pfarreien die Kinder zur Ersten Heiligen Kommunion. Wir schlagen für dieses große Familienereignis ein »Menü in Weiß« vor:

SPARGELSAMTSUPPE

ZUTATEN

16 Stangen Spargel
1 l Wasser
Salz
Zucker
4 kleine Frühlingszwiebeln
80 g Butter
100 ml Weißwein
100 ml Crème double
Pfeffer

Spargel schälen und die Köpfe abschneiden. Wasser mit einer Prise Salz und Zucker erhitzen und die Spitzen 4 Minuten abkochen. Herausnehmen und auf die Seite stellen. Die Frühlingszwiebeln und die Spargelstangen klein schneiden und in 20 g Butter anschwitzen. Mit dem Weißwein ablöschen und mit dem Spargelwasser auffüllen. In etwa 20 Minuten alles weich kochen und anschließend passieren. Die Crème double einrühren, restliche eiskalte Butter einschlagen und mit Pfeffer abschmecken.

Probieren Sie diese Suppe auch einmal mit frischem grünen Spargel.

GEFÜLLTE KALBSBRUST

ZUTATEN FÜR 6 BIS 8 PERSONEN

3 1/2-4 kg Kalbsbrust

FÜR DIE FÜLLUNG

3 Baguette
1/4 l kalte Milch
Salz
Pfeffer
Muskat
5-6 Schalotten
Butter
Knoblauchzehe (ganz, mit Schale)
1 Bd. Petersilie
Majoran
6 Eier

FÜR DAS GEMÜSEBETT

5-6 Karotten
2-3 Zwiebeln
10 Kartoffelscheiben
4 Stangensellerie
8 Schalotten
6 Knoblauchzehen (ganz mit Schale)
Thymian, Majoran, Rosmarin
Pfeffer
Salz
200 g Butterstücke

In die Kalbsbrust eine Tasche schneiden oder beim Metzger schneiden lassen. Für die Füllung Baguette entrinden, würfeln und in Milch einweichen. Mit Salz, Pfeffer und Muskat würzen, ziehen lassen. Schalotten fein gewürfelt in einer Pfanne mit Butter andünsten, die Knoblauchzehen dazugeben und einige Zeit später die gehackte Petersilie und Majoran. Wenn die Schalotten glasig sind, die Knoblauchzehe herausnehmen. Aus 2 Eiern ein Rührei zubereiten. Die 4 ganzen Eier, das Rührei und die Schalotten mit Kräutern vermengen und ziehen lassen. In eine Bratreine das geputzte und in Stücke geschnittene Gemüse und die Gewürze geben und mit einer Tasse Wasser aufgießen. Kalbsbrust mit der Brot-Kräuter-Masse füllen, würzen und auf das Gemüsebett legen. Die kleinen Butterstückchen auf dem Brustrücken verteilen. Im vorgeheizten Backofen bei 200 °C etwa 2 1/2 Stunden braten. Zwischendurch immer wieder mit Bratensaft begießen. Das Gemüse zusammen mit der Kalbsbrust in Scheiben servieren. Dazu empfiehlt sich ein frischer Frühlingssalat.

Und zum Nachtisch gibt es eines der wenigen Gerichte aus Deutschland, das Eingang in den internationalen Speisezettel gefunden hat, die Crème Bavaroise, zu deutsch die

BAYERISCHE CREME

ZUTATEN

1/2 Vanilleschote
4 Blatt Gelatine
1/4 l Milch
4 Eier (getrennt)
100 g Zucker
250 g Sahne

Vanilleschote aufschneiden und das Mark auskratzen. Das Mark mit der Gelatine in wenig kaltem Wasser einweichen. Die Milch zum Kochen bringen. Eigelb mit dem Zucker zu einer dicken schaumigen Creme rühren und unter ständigem Schlagen die kochende Milch langsam hinzugeben. In einer dickwandigen Kasserolle bei leichter Hitze unter ständigem Schlagen eindicken lassen. Die Creme darf nicht aufkochen, da sie sonst gerinnt! Von der Kochstelle nehmen und die ausgedrückte Gelatine darin auflösen. Creme in eine Schüssel mit Eiswürfeln setzen und unter häufigem Schlagen erkalten lassen. Wenn die Creme zu erstarren beginnt, die steifgeschlagene Sahne vorsichtig unterheben. In eine kalt ausgespülte, mit Zucker ausgestreute hohe Form füllen. Mindestens 6 Stunden in den Kühlschrank stellen, dann stürzen.

BROT

BEIM LETZTEN ABENDMAHL vor seinem Tod brach Jesus das Brot und sagte »Ich bin das Brot des Lebens ...« (Joh. 6,48). Es war nicht das erste Mal, dass Brot mit Göttlichem in Verbindung gebracht wurde. Bei den Ägyptern und den Griechen der Antike waren es Isis oder Demeter, die den Menschen zeigten, wie man Getreide anbauen und daraus Brot backen konnte.

Anfänglich wurden die Getreidekörner noch roh verzehrt, doch nachdem der Mensch gelernt hatte, das Feuer zu beherrschen, röstete

man die Vorläufer unserer heutigen Getreidearten. Eine andere Methode der Zubereitung von Getreideprodukten war der Aufguss, die Suppe oder ein sättigender Brei. Die nächste Entwicklungsstufe der Getreidenahrung war der Fladen. Dazu wurde der Brei in einer dünnen Schicht auf einen erhitzten Stein gegossen, wo das Wasser verdunstete, so dass er haltbar wurde. Im Gegensatz zum späteren Brot wurden Fladen aus einem Teig hergestellt, der nicht gegoren hatte. Aus dem Fladen hat sich schließlich unser heutiges Brot entwickelt. Dabei war die Erkenntnis, dass roher Brotteig nach einiger Zeit durch Milchsäurebakterien und Hefen zu gären beginnt, nicht unwesentlich. Die Ägypter kamen erstmals auf die Idee, von einem besonders gut gelungenem Teig jeweils ein Stück zurückzubehalten und dem nächsten Teig zuzufügen – und erfanden somit das Prinzip des Sauerteiges. Später lernten die Griechen die Brotherstellung von den Ägyptern, die Römer wiederum von den Griechen. Mit den Römern gelangte das Brot auch nach Mitteleuropa. Seit dem 7./8. Jahrhundert waren es insbesondere die Klöster, die sich auf dem Gebiet des Brot- und Kuchenbackens betätigten.

Im Mittelalter blieb der Roggen die Basis der Brot- und Getreideherstellung. Ab dem 19. Jahrhundert verdrängte der Weizen den Roggen auf den zweiten Platz.

23. APRIL GEORGI

SANKT GEORG IST DER DRACHENTÖTER, der Viehpatron und Freund der Pferde.

Traditionsgemäß findet in Traunstein der Georgiritt mit anschließender Segnung von Ross und Reiter jährlich am zweiten Sonntag im April statt. Mehrere tausend Besucher finden sich jedes Jahr ein, um den Umritt mit 230 geschmückten Rössern, Musikkapellen und Festwagen mitzuerleben und sich anschließend im Festzelt zu stärken. Der Georgiritt oder der Drachenstich in Furth im Wald finden allerdings nicht mehr am Georgitag selbst statt, sondern zu Ostern und im August, um mehr Touristen anzulocken. Wie immer hat auch der Magen Anteil am festlichen Geschehen, denn mancherorts gibt es ein besonderes Georgi-Bier, und hier und da werden noch nach alten Rezepten Georgi-Brote, zu Schnörkeln gewordene böse Lindwürmer, gebacken.

KLOSTER HIMMEROD

EINE DER ÄLTESTEN ZISTERZIENSER-GRÜNDUNGEN auf deutschem Boden, Himmerod in der Eifel, ist zugleich eine der jüngsten, sowohl architektonisch als auch monastisch. Erst in den 20er Jahren des letzten Jahrhunderts zogen wieder Mönche an den von Bernhard von Clairvaux 1135 im Salmtal ausgewählten Klosterstandort. Der junge Konvent hatte Pionierarbeit zu leisten: Die halbverfallenen Gebäude mussten erst wieder aufgebaut werden, um dort anknüpfen zu können, wo 1802 mit der Säkularisation die Entwicklung abgerissen war.

Die 1751 fertiggestellte barocke Anlage gilt als einzigartiges Zeugnis des Versuchs, bei einem Barockbau den zisterziensischen Vorschriften gerecht zu werden. Da man einen Turmbau vermeiden wollte, schuf der sächsische Architekt Christian Kretschmar eine hoch aufstrebende, nach außen gewölbte Fasse von 38 Metern Höhe, hinter der das Langhaus fast verschwindet.

DIE ZISTERZIENSER, die nach Cîteaux, dem 1098 gegründeten Reformkloster benannt sind, ließen sich aufgrund der Carta Caritatis nur in abgelegenen wasserreichen Tälern nieder, im Gegensatz zu den Benediktinern, die ihre Klöster auf Bergen ansiedelten. Durch den hohen Wissensstand bei Trockenlegung und Rodung spezialisierten sich die Zisterzienser auf die systematische Anlage von Teichanlagen. So nahm die Fischzucht im klösterlichen Nahrungsangebot auch wegen des regulären Fleischverbots eine besondere Stellung ein. Heute weltweit bekannt ist die Bezeichnung »Mönch« als Regulator des Wasserstandes am Teichausfluss.

MAI

1 Walburga
3 Apostel Philippus und Jakobus
4 Florian
12 Pankratius
13 Servatius
14 Bonifatius
15 »Kalte Sophie«

Der Mai ist seit alters her als Wonne- und Liebesmonat bekannt, in dem es endlich Frühling wird. Das Wort Mai ist germanisch und steht für »jung« (junges Mädchen = Maid). Er wurde auch *Wunnimanoth* genannt: Weidemond, was bedeutet, dass das Vieh auf die Weide kam.

Fruchtbarkeitsriten, wie der »Maibaum« und der »Tanz in den Mai« sind, wenn auch stark kommerzialisiert, bis heute erhalten. Der 1. Mai war offizieller Sommerauftakt, deshalb musste in der Nacht, der »Walpurgisnacht«, mächtig Lärm gemacht werden, um die Hexen und Dämonen zu vertreiben.

In der katholischen Kirche gilt der Mai als Marienmonat. In beinahe jeder Kirche findet sich jetzt ein »Maialtar«: Eine besonders mit Blumen und Kerzen geschmückte Marienstatue, die den Mittelpunkt der Maiandachten bildet.

DIE EISHEILIGEN

Die Heiligen Pankratius, Servatius und Bonifatius gehören zum Mai wie der Maibaum. An diesen Tagen wird ein verspäteter polarer Kälteeinbruch mit Nordwinden und sogar gelegentlich Frost erwartet. In Süddeutschland, Österreich und der Schweiz gehört auch der 15. Mai, der Gedächtnistag der Heiligen Sophia, zu den Eisheiligen: die »kalte Sophie«.

CHRISTI HIMMELFAHRT

»Die Himmelfahrt Christi gehört zum Urbestand christlichen Glaubens. Christus erscheint nach der Auferstehung 40 Tage lang mit verklärtem Leib (…)«, so der Kölner Theologe Manfred Becker-Huberti. Schon im Mittelalter hatte der Feiertag seinen religiösen Sinn verloren und war mancherorts zu scheinreligiösen Touren verkommen, bei denen der Alkohol eine erheblich größere Rolle spielte als das Weihwasser. Aus diesen entwickelten sich im 19. Jahrhundert »Herrenpartien« oder »Schinkentouren«, die – nach Einführung des »Muttertages« 1908 bzw. 1914 – problemlos zum Gegenstück, dem »Vatertag« wurden.

Natürlich wurde auch dieser Tag kulinarisch grundiert. In Altbayern und im Bayerischen Wald genießt man so genanntes »Fliegendes Fleisch«. Es gab also nichts Schwimmendes oder Laufendes, sondern nur Hühner, Brathähnchen, Gänse und vor allem Tauben. Ein Rezept, überliefert vom französischen Sternekoch Marc Meneau:

TAUBEN NACH ART DER KARTÄUSER

Zutaten

4 große Tauben
Salz
Pfeffer
1 Kopf Wirsing
80 ml Öl
50 g durchwachsener Speck, in Streifen geschnitten
30 g Schweineschwarte
2 Möhren, klein geschnitten
200 ml Geflügelbrühe
6 g Myrte
100 ml dunkler Fond (Glas)

Den Ofen auf 170 °C vorheizen. Taubenschenkel und Brustfilets auslösen, salzen und pfeffern. Karkassen klein hacken und daraus einen Fond zubereiten; 200 ml zur Seite stellen. Die äußeren Wirsingblätter abtrennen, Kohlblätter und das Herz waschen, in einer großen Kasserolle in Salzwasser blanchieren, abtropfen lassen und trocken tupfen. In einer Pfanne das Öl erhitzen und darin das Taubenfleisch von allen Seiten braun anbraten. Aus der Pfanne nehmen und beiseite stellen. Das Kohlherz fein hacken. Speckstreifen blanchieren und abtropfen lassen. Die Schweineschwarte auf den Boden einer Stielkasserolle legen, Möhren, Kohl, Geflügelbrühe und Myrte hinzugeben; salzen und pfeffern. Mit Pergamentpapier bedecken, den Topf schließen und den Kohl 30 bis 40 Minuten köcheln lassen. 4 große Kohlblätter ausbreiten und jeweils 1/4 des gekochten Kohls, der Speckstreifen sowie Schenkel und Brustfilets einer Taube darauf verteilen. Zu kugelförmigen Paketen formen. Die gegarte Schweineschwarte und die 4 Kohlpakete in einen Schmortopf legen. Den Taubenfond und Bratensaft angießen, zum Kochen bringen und im Ofen 40 Minuten garen. Die Kohlpakete auf einer Platte anrichten und mit dem passierten Fond umgießen.

PFINGSTEN

Die Hochfeste bestimmen den Rhythmus des Kirchenjahres: Weihnachten, Ostern und Pfingsten. Jedes dieser Hochfeste hat eine längere oder kürzere Vorbereitungszeit, die vor allem zu einer geistigen Erneuerung der Gläubigen genutzt werden sollte: Der Advent bereitet auf das Weihnachtsfest vor, die Fastenzeit auf das Osterfest und die Zeit von Christi Himmelfahrt an auf das Pfingstfest.

Mit Pfingsten endet der Osterfestkreis. Das jüdische Pfingstfest wurde in Erinnerung an Gottes Gesetzesübergabe an Moses gefeiert, 50 Tage nach dem Passahfest, das an den Auszug aus Ägypten erinnerte. Pfingsten (griechisch pentecoste = der Fünfzigste) ist das Fest des Heiligen Geistes. An diesem Tag hatten sich die Apostel versammelt, als der Heilige Geist als Feuerzungen über die Köpfe der Jünger kam und sie in fremden Sprachen sprechen ließ, so dass sie von allen Menschen verstanden wurden. Das Fest gilt als Gründungstag der christlichen Kirche.

Pfingsten ist aber auch ein Hirtenfest, weil an diesem Tag das Vieh festlich geschmückt erstmals im Jahr auf die Weiden getrieben wird. Der »Pfingstochse« wird zumeist auf ein geschmücktes Rind zurückgeführt, das zur Weide getrieben wurde. Vielleicht aber wurde so der

BIFFLAMOTT

Zutaten

- 300 g Möhren
- 4 Zwiebeln
- 1 l Weißwein
- 1 l Rinderbrühe
- 1 Lorbeerblatt
- 1 Stängel Thymian
- 1 kleiner Zweig Rosmarin
- 2 große Scheiben fetter Speck (ca. 1/2 cm dick)
- Pfeffer
- Salz
- 2 cl Weinbrand
- 1,5 kg Ochsenfleisch aus der Oberschale
- 2 EL Butterschmalz
- 1/2 Kalbsfuß, in kleine Stücke gesägt

Möhren und Zwiebeln schälen und klein schneiden. Mit Weißwein, Brühe, Lorbeer, Thymian und Rosmarin aufkochen und abkühlen lassen. Speck in Streifen schneiden und mit Pfeffer, Salz und Weinbrand mischen. Zugedeckt kurze Zeit durchziehen lassen. Das Fleisch mit den Speckstreifen spicken und mit der abgekühlten Marinade übergießen. Zugedeckt für 2 bis 3 Tage kaltstellen. Dann das Fleisch aus der Marinade nehmen, sorgfältig abtrocknen und in heißem Butterschmalz rundherum braun anbraten. Kalbsfuß und eine Hälfte der Marinade zugeben und das Ganze im geschlossenen Topf bei kleiner Hitze etwa 2 bis 3 Stunden schmoren. Dabei nach und nach die restliche Marinade zugießen. Fleisch herausnehmen. Den Schmorsud durch ein Sieb gießen und mit Salz und Pfeffer würzen. Fleisch in Scheiben mit Soße und Semmelknödeln anrichten.

Ochse genannt, der an Pfingsten für das Festmahl geschlachtet und zuvor geschmückt durch das Dorf geführt wurde.

Es gibt wenige spezielle Esstraditionen zu Pfingsten, klar aber ist, dass sich die Köstlichkeiten des Frühsommers auf dem Speiseplan finden.

Ursprünglich war der »Große Wettersegen« mit Pfingsten verbunden, ein Gebet, bei dem Priester und die Gemeinde um eine gute Ernte baten. Pfingsten hat auch eine »eigene« Blume: die »Pfingstrose«, die allerdings keine Rose, sondern ein Hahnenfußgewächs ist. »Benediktinerrose« heißt sie auch, weil sie von Mönchen nach Deutschland gebracht worden sein soll. Ursprünglich Heilpflanze, in China der Kaiserin vorbehalten, und dann Gartenzierpflanze und Symbolpflanze der Gottesmutter, nannte man sie auch Gichtrose, Königsblume, Bauern- oder Essigrose.

Der englische Bauernsohn Izaak Walton (1593-1683) brachte es 1624 als Kaufmann zu Wohlstand und hatte auch als Dichter und Schriftsteller Erfolg. Er sagte zur wohl beliebtesten Frucht des Frühsommers: »Zweifellos hätte Gott eine bessere Beere als die Erdbeere schaffen können. Aber ebenso zweifellos hat er es nicht getan.« Natürlich gibt es zu Pfingsten einen Nachtisch aus Erdbeeren:

GEPFEFFERTE ERDBEEREN

Die Erdbeeren waschen, putzen und längs halbieren. Butter in einer Pfanne erhitzen und Zucker darin unter Rühren karamellisieren. Vom Herd nehmen und den Wein einrühren. Die Erdbeeren mit dem Karamell vermischen und mit Pfeffer bestreuen. Dann noch einmal vorsichtig erhitzen. Auf Schälchen verteilen, mit Sahne, weißen Schokoladenraspeln und Minzeblättchen garnieren. Warm servieren.

Zutaten

250 g Erdbeeren
1 EL Butter
1 bis 2 EL Zucker
1 EL Rotwein
1/2 TL schwarzer Pfeffer, frisch gemahlen
2 EL geschlagene Sahne
1 Stk. weiße Schokolade
Minzeblättchen

MISSIONSBENEDIKTINER

GRÜNER SPARGELSALAT MIT KRÄUTERSAUCE

ZUTATEN

750 g grüner Spargel
1-2 TL Butter

FÜR DIE KRÄUTERSAUCE

5 Schalotten
4 EL weißer Balsamico-Essig
7 EL Traubenkernöl
4 EL frische Kräuter, gehackt (Petersilie, Dill, Schnittlauch, Oregano, Estragon etc.)
Salz und Pfeffer
Zucker
2 hartgekochte Eigelb
etwas Feldsalat
1/2 Bd. Schnittlauch, fein geschnitten

Den grünen Spargel waschen, das untere Drittel schälen (nicht in Stücke schneiden) und in kochendem Salzwasser mit der Butter 10 bis 15 Minuten bissfest kochen. Spargel sorgfältig abtropfen lassen und auf einer Servierplatte oder flachen Schale anrichten. Schalotten abziehen und sehr fein würfeln, mit Essig, Öl, gehackten Kräutern, Salz, Pfeffer und Zucker verrühren und abschmecken. Anschließend über den noch warmen Spargel geben. Die hartgekochten Eigelb fein mit einer Gabel zerdrücken und zusammen mit dem Feldsalat und Schnittlauch auf dem Salat garnieren. Abschließend einige Minuten ziehen lassen.

DAS BEKANNTE KLISCHEE VOM MISSIONAR, der sich von der Zivilisation verabschiedet und im Urwald verschwindet, um völlig abgeschiedenen Stämmen das Wort Gottes zu verkünden, findet sich nur noch selten. Es gibt schließlich kaum mehr weiße Flecken auf der Landkarte. Der missionarische Alltag besteht heute vor allem in guter Zusammenarbeit mit der Kirche vor Ort. Ein besonders spannendes Kapitel der Missionstätigkeit ist die Einbürgerung des Klosterlebens in andere Länder und Kulturen.

Die Regel Benedikts, die im Italien des 6. Jahrhunderts entstand, wird auf anderen Kontinenten in ganz neuer Weise gedeutet und gelebt. Der dabei entstehende Reichtum an Einsichten und Erfahrungen kommt auch der Ortskirche zugute. Zur Zeit leben, beten und arbeiten etwa 1100 Ordensmitglieder in 17 Ländern rund um den Erdkreis. Der Aufgabenbereich definiert sich traditionell durch Unterstützung der Mitbrüder jeglicher Art: logistisch, finanziell im Weiterleiten von Spenden, sowie wirtschaftlich und technisch. Der Einsatz für die Rechte und Würde des Menschen ist bleibender Auftrag und Sendung von Jesus Christus. Dies geschieht durch (Neu-) Evangelisierung, Dialog, durch den Einsatz für Frieden und Gerechtigkeit und im Kampf gegen Elend und Not.

Die Abtei Königsmünster in Meschede (siehe Seite 104) gehört zur Kongregation von St. Ottilien in der Nähe von München. Auch sie schickt Brüder in die Mission. Am 6. Januar 1962 wurde Pater Thomas Timpte in die koreanische Abtei Waegwan gesandt, wo er bis heute arbeitet. 1966 folgten zwei weitere Aussendungen nach Afrika. Und seit dem 11. Januar 2003 arbeitet Bruder Jorge in der Abtei »Our Lady Help Of Christians« in Ndanda (Tansania), wo er sich vor allem um den Garten kümmert.

Sehen wir uns mal in der Küche Koreas und Tansanias um. Kimchi, fermentiertes Gemüse, ist eines der Grundnahrungsmittel in Korea. Es gibt je nach Region und Zutaten etwa 160 Arten von Kimchi, der genauso wichtig wie Reis ist. Dabei handelt es sich um eingelegten Chinakohl, ähnlich wie hierzulande das Sauerkraut. Auch Weißkohl, Spinat, Rettich, Gurken und eine Art Grünkohl werden so konserviert. Manchmal sind dem Ganzen zum Aromatisieren noch getrocknete Garnelen oder Sardellen beigefügt. Oder man würzt mit geröstetem Sesam, etwas gehackter Lauchzwiebel, Chilischoten oder geröstetem Seetang. Das fertige Kimchi wird in kleinen Schälchen serviert oder zu einem anderen Gericht weiterverarbeitet. Es dient als Zutat für Suppen, Pfannen- oder Schmorgerichte.

SCHNELLES KIMCHI

ZUTATEN FÜR EIN 2-LITER-GLAS

1 Chinakohl (etwa 2 1/2 kg)
2 Stangen Porree
10 Knoblauchzehen
40 g Ingwer
60 g Paprikapulver
40 g Zucker
Salz

Chinakohl in etwa 3 mal 3 cm große Würfel schneiden, waschen und in einer 15%-igen Salzlake (pro Liter Wasser 150 g Salz zufügen) 45 Minuten wässern. Der Kohl wird dann zweimal mit frischem Wasser gewaschen und muss danach 30 Minuten ruhen. Porree in dünne Scheiben schneiden und gründlich vom Sand befreien. Die Knoblauchzehen abziehen und in dünne Scheiben schneiden. Dann alle Zutaten in eine große Schüssel geben, gründlich vermischen und in ein gut verschließbares Gefäß füllen. Bei Raumtemperatur ist das Kimchi schon nach drei Tagen fertig.

BULGOGI

ZUTATEN

600 g Rinderfilet
3 EL Zucker
2 EL Reiswein
3 Knoblauchzehen, klein geschnitten
1 Stange Porree
2 Frühlingszwiebeln, klein geschnitten
Sojasauce
Glutamat
Salz
Pfeffer
Sesamöl

Auf dem Holzkohlengrill zubereitetes, mariniertes Fleisch. Das Fleisch wird durch die Marinade ganz besonders zart.

Das Fleisch in mundgerechte Stücke schneiden. In Zucker und Reiswein einlegen und etwa 90 Minuten ziehen lassen. Dann mit den übrigen Zutaten gut mischen und weitere 90 Minuten ziehen lassen.

Das gewürzte Fleisch schmeckt vom Grill am besten, man kann es auch in einer Pfanne kurz braten. Ein guter Kompromiss: Backofengrill auf die höchste Stufe vorheizen und das Bulgogi 10 Minuten grillen. Als Beilage passen Reis, Salat, Sesamblätter, Knoblauch und Kimchi.

EIN REZEPT AUS TANSANIA

KOCHBANANEN IN TOMATEN-KOKOSSAUCE

ZUTATEN

150 g Seitan*
1 Zwiebel, gewürfelt
1-2 frische rote Chilischoten
4 Eiertomaten, enthäutet und klein geschnitten
1/2 EL Kokoscreme (Dose)
1 TL weißer Pfeffer
6 grüne, unreife Kochbananen
Salz

Seitan in etwa 3 cm große Würfel schneiden, in einen großen flachen Topf geben und mit Wasser bedecken. Zwiebel und Chilischoten zugeben und einige Minuten lang bedeckt köcheln lassen. Tomaten, Kokoscreme und Pfeffer einrühren und zum Kochen bringen. Kochbananen in dicke Scheiben schneiden und zugeben. Leicht bedeckt etwa 25 bis 35 Minuten lang köcheln lassen, bis die Bananen weich sind und die Sauce andickt. Eventuell mit etwas Salz abschmecken.

*Seitan ist ein Eiweißprodukt aus dem Fernen Osten und Bestandteil der makrobiotischen Ernährung. Es wird bei uns wegen seiner fleischähnlichen Konsistenz als Fleischersatz geschätzt. Das Glutenprodukt enthält kein Cholesterin und fast kein Fett. Vegetarisch lebende buddhistische Mönche sollen dieses Nahrungsmittel erstmals hergestellt und verbreitet haben.

JUNI

Der Name des Monats leitet sich aus dem lateinischen *Iunonius* ab, der der römischen Himmelsgöttin Juno geweiht war. Altdeutsch hieß er *Brachmanoth*, Monat des ersten Pflügens. *Brachet* heißt so viel wie brachliegen. Dieser Name stammt aus der Zeit der Dreifelderwirtschaft. Dabei bleibt ein Drittel der Felder nach der Ernte als Stoppelweide liegen und wurde erst im nächsten Jahr wieder gepflügt und eingesät.

2 Erasmus
5 Bonifazius
8 Schafskälte
11 Apostel Barnabas
15 Vitus, Veit
21 Sommersonnenwende
22 Achatius
24 Johannes der Täufer
29 Peter und Paul

DREIFALTIGKEITSSONNTAG

DIE WOCHE nach der Pfingstwoche beginnt mit dem Festtag Trinitatis. Das Fest feiert das Geheimnis der göttlichen Dreieinigkeit: Gott als Vater, Sohn und Heiliger Geist.

Um 950 ist dieser Festtag das erste Mal in Lüttich/Belgien belegt, ist aber 1334 als kirchlich gebotener Gedenktag festgeschrieben. Mit diesem Feiertag am Sonntag nach Pfingsten wird die Zeit der Feste im Kirchenjahr abgeschlossen. Es folgt eine festlose Zeit, die bis zum Totensonntag Ende November reicht.

8. JUNI SCHAFSKÄLTE

Die Schafskälte ist ein häufiger um die Zeit der Schafschur auftretender Kälterückfall, verursacht durch Einbrüche kühler Meeresluft nach Mitteleuropa.

Fronleichnam

Elf Tage nach Pfingsten feiert die katholische Kirche das Hohe Fest Fronleichnam. Seit 1294 findet dieses Fest am zweiten Donnerstag nach Pfingsten statt. Der Name stammt aus dem mittelhochdeutschen *vrônlichnam* und bedeutet »Leib des Herrn«. Aus den vorchristlichen Umzügen über die Felder entwickelten sich rasch prächtige Prozessionen mit der Hostie. Die erste in Deutschland ist 1277 in Köln belegt. Bereits im 15. Jahrhundert war es üblich, dass sich die Zünfte und Stände in ihren Trachten in die Prozession einreihten. Noch heute ist es vielerorts so, dass die katholischen Standesvereine mit Fahnen teilnehmen. Auch die Erstkommunionkinder tragen noch einmal ihre Festkleidung und beteiligen sich an dem Umzug.

Prozessionen über die Felder mit einer besonderen Segnung der vier Himmelsrichtungen als »Wettersegen« sind aus ländlichen Gebieten bekannt. Schiffsprozessionen gehören zum Beispiel auf den Seen in Bayern vielfach zum Fronleichnamstag. Im Rheinland ist die »Mülheimer Gottestracht« auf dem Rhein bei Köln ein Ereignis, das neben den Gläubigen auch zahlreiche Touristen anzieht.

In der Reformation wurde Fronleichnam zur konfessionellen Scheidemünze. Luther bezeichnete Fronleichnam 1527 als »allerschädlichstes Jahresfest«. Prozessionen galten ihm als Gotteslästerung. Das Konzil von Trient (1545-1563) bestätigte das Fronleichnamsfest, das nun einen demonstrativen Akzent bekam.

War die Prozession beendet, wurden Jungfernnudeln und Jungfernschmarrn (Schmalzgebackenes) serviert, ein Essen, zu dem sich die männliche Jugend sehr schnell einfand. Dampfnudeln sind im eigenen Dampf gebackene Teigwaren. Sie werden mit Kraut als Hauptspeise oder mit Vanillesauce als Dessert verzehrt.

DAMPFNUDELN MIT BACKOBST

Zutaten

- 250 g Mehl
- 125 ml Milch
- 20 g Hefe
- 80 g Butter
- 1 Ei
- 1 Pr. Salz
- 1 Pr. Zucker
- 250 g Backobst
- 50 g Zucker
- Salz
- 150 g durchwachsener Speck

Mehl, lauwarme Milch, Hefe, 50 g Butter, das Ei und eine Prise Salz und Zucker zu einem nicht zu festen Teig verrühren. Alle Zutaten müssen zimmerwarm sein. Den Hefeteig zugedeckt 20 Minuten an einem warmen Platz gehen lassen. Aus dem Hefeteig mit bemehlten Händen Klöße formen und auf einem bemehlten Tuch noch einmal 20 Minuten zugedeckt gehen lassen. In dieser Zeit das Backobst mit dem Zucker und wenig Wasser mehr dünsten als kochen. In einem Bräter mit gut schließendem Deckel etwa 1 cm hoch Wasser mit der Butter, einer Prise Salz und Zucker zum Kochen bringen. Die aufgegangenen Hefeklöße hineinsetzen und zugedeckt zuerst auf kleiner, dann auf mittlerer Hitze aufziehen lassen. Das dauert 15 bis 20 Minuten. Inzwischen den Speck würfeln und ausbraten. Wenn es im Bräter brutzelt, haben die Dampfnudeln ein goldbraunes Füßchen und sind gar. Dann muss der Deckel sehr schnell abgehoben werden, damit kein Wassertropfen auf die Dampfnudeln fällt. Sie fallen sonst zusammen. Die Dampfnudeln herausnehmen, aufreißen und den ausgebratenen Speck darauf geben. Das Backobst dazu reichen. Den Topf zwischendurch nicht öffnen, sonst entweicht der Dampf und die Nudeln gehen nicht auf!
In Österreich heißen die Dampfnudeln Germknödel, in Ostfriesland Mehlpütt. Besonders beliebt sind die Germknödel mit Heidelbeer-, Powidl- (Pflaumenmus) oder Kirschfüllung. Servieren kann man die Germknödel auch mit zerlassener Butter oder mit Mohn-Zucker oder Zimt-Zucker bestreut. Süßschnäbel lassen den Speck weg und essen die Dampfnudeln mit einer Vanillesauce.

PLANKSTETTEN

PLANKSTETTEN LIEGT IM HERZEN BAYERNS, wo Oberpfalz, Mittelfranken und Oberbayern aufeinander treffen. Wie früher möchten die Benediktinermönche in den sie umgebenden Lebensraum hineinwirken und, wie sie im Internet schreiben, »eine positive geistige, kulturelle und wirtschaftliche Entwicklung im ländlichen Raum auslösen«. Seit Jahren bekennen sie sich zum ökologischen Landbau. Alle Klöster sind in Deutschland als eingetragener Verein verfasst, dürfen also weder unternehmerisch tätig sein, noch einen Geschäftsbetrieb führen, weshalb Klöster auch keine Überschüsse erzielen dürfen. Sie können aber eventuelle Mehreinnahmen für die kostenintensive Erhaltung ihrer Klöster einsetzen. Weit über die Region hinaus ist Plankstetten mit seinen Öko-Bieren ein Begriff, die im Riedenburger Brauhaus auf Lizenz gebraut werden. Selbst hoch im Norden, wo der Autor zuhause ist, gibt es vorzügliches Dinkelbier nach der Rezeptur der Benediktiner von Plankstetten.

Das Klostergut sowie die umliegenden Biobauern beliefern die Klosterbetriebe mit landwirtschaftlichen Erzeugnissen. Dabei wird den Erzeugern der Produkte ein kostendeckender Preis bezahlt, der es ihnen ermöglicht, aus dem üblichen Kreislauf – Preisdruck – Mehrproduktion – Preisdruck – mit den einhergehenden Qualitätseinbußen und Belastungen für Umwelt und Mensch auszubrechen.

21 Väter und Brüder leben im Kloster Plankstetten, dessen groß dimensionierte Anlage für allenfalls 12 bis 15 Mönche ausgelegt war. Die Gebäude wollen sich als Tor zum Himmel verstanden wissen, als *porta caeli* und Vorgriff auf die ewige Herrlichkeit.

1806 wurde das Kloster säkularisiert und erstand erst 1904 wieder. Das Gästehaus St. Gregor ist kein Hotel im landläufigen Sinn, aber ein Quartier für diejenigen, die sich in lockerer Anbindung an den klösterlichen Alltag erholen wollen. Neben dem Leib sollen auch Geist und Seele auf ihre Kosten kommen. Abt Gregor vergleicht das Kloster mit einem Hafen, der zwar offen sein, aber an seinem Ort bleiben muss.

Bruder Albert, der sich verbindlich fürs Kloster entschieden hat, studierte Biologie und durchlief eine Ausbildung zum Industrie-Kaufmann. Er lebte mit einer Frau zusammen: »Ich weiß, auf was ich verzichte ...« Pater Godehard, Prior und Pfarrer von Plankstetten, verdankt seiner bayerischen Herkunft das Talent, die Dinge beim Namen zu nennen: »Wir Benediktiner«, sagt er, »wir erden das geistliche Leben. Der Heilige Benedikt verlangt von seine Leut nie was G'spinnerts.«

HOLUNDER

Bald werden sich seine Zweige wieder unter der Last seiner tiefschwarzen Beeren beugen. Wer jetzt an den üppig behängten Sträuchern achtlos vorüber geht, weiß nicht, was ihm da entgeht: kulinarisch und auch ernährungswissenschaftlich. Gekocht sind die Holunderbeeren ein Grundprodukt für viele köstliche Gerichte und mit ihren Vitaminen und Mineralien zudem ein wahrer Gesundheitsbrunnen. Als Sirup eingekocht helfen die Beeren nämlich bei Fieber oder Grippe über die kalte Jahreszeit hinweg. Auf den Genuss der rohen Früchte sollte man allerdings verzichten.

Man kann vom Holunderstrauch gleich zweimal im Jahr ernten: Für Holunderblütensirup oder die in Bayern verbreiteten »Hollerküchl« werden die betörend duftenden Blüten (Ernte etwa Ende Mai) verwendet, die reifen Beeren werden dann etwa Mitte August zu Gelee, Saft oder Süßspeisen verarbeitet.

AUSGEBACKENE HOLUNDERBLÜTEN

Holunderblüten in eine Schüssel mit Wasser legen, vorsichtig hin und her schwenken, damit der Staub entfernt wird. Auf einem Tuch zum Trocknen ausbreiten. Falls die Blüten noch feucht sind, nehmen sie den Teig später nicht an. Mehl, Milch, Rum, Salz, Honig und Ei zu einem flüssigen Teig verquirlen. 30 Minuten zum Quellen stehen lassen. In der Friteuse oder einem flachen Topf das Fett auf 180 °C erhitzen. Es ist heiß genug, wenn an einem hineingetauchten Holzlöffelstiel kleine Blasen aufsteigen. Eventuell die Temperatur mit einigen Tropfen vom Teig prüfen. Die Holunderblüten in den Teig tauchen und im heißen Fett nacheinander goldgelb ausbacken. Auf Küchenkrepp abtropfen lassen. Zimt und Zucker mischen und die Blüten mit Zimtzucker bestreut servieren.

Holunderblüten sind je nach Witterung von Mitte Mai bis Juni in Gärten, Parks und an Feldrändern zu finden. Besser nicht an Straßenrändern sammeln, dort sind zu viel Abgase in der Luft. Die Blüten mit der Schere abschneiden und noch ein Stück vom Stängel an der Blüte lassen. So kann man sie später besser in den Teig tauchen.

ZUTATEN

10 Holunderblüten
200 g Mehl
250 ml Milch
2 EL Rum
1 Pr. Salz
2 TL Honig
1 Ei
Butterschmalz oder Öl zum Ausbacken
1 TL Zimt
3 TL Zucker

RUMTOPF

Eine sozusagen nachhaltige Verwendung der Wonnen des Sommers ist der Rumtopf, der an trüben Wintertagen einen Abglanz des Sonnenscheins auf die Teller zaubert.

Man nimmt zum Rumtopf alle Früchte, die bis zum Herbst reifen und legt sie nacheinander in einem Steinguttopf mit Deckel ein. Die am besten geeignete Zuckersorte ist Einmachzucker; besonders aromatisch aber wird der Rumtopf mit braunem Kandis. Nur einen hochprozentigen Rum verwenden (mind. 54 % Alkoholgehalt). Falls der Rumtopf schäumt oder gar Gär-Geruch feststellbar ist, muss er leider entsorgt werden. Äpfel, schwarze Johannisbeeren, Heidelbeeren oder Brombeeren sind nicht geeignet. Außerdem darf nur absolut einwandfreies, reifes Obst verwendet werden. Eine Lage Obst benötigt etwa 6 Wochen zum Reifen. Mit Erdbeeren, den ersten Sommerfrüchten, fängt der Rumtopf an. Erdbeeren waschen, abtrocknen und in eine Schüssel geben. Das halbe Gewicht der Früchte an Zucker dazu füllen. Eine gute Stunde durchziehen lassen und danach in den Rumtopf geben. So viel Rum darüber gießen, dass die Früchte fingerbreit bedeckt sind. Also etwa eine 0,7 Liter Flasche auf ein Pfund Früchte und ein halbes Pfund Zucker. Danach den Topf verschließen und an ein kühles Plätzchen stellen. Zwischendurch gelegentlich nachschauen ob noch genügend Flüssigkeit im Topf ist, denn der Rum soll immer fingerbreit über den Früchten stehen. Sobald die nächsten Saison-Früchte da sind, wird genau so wie mit den Erdbeeren verfahren. Mit dem Unterschied, dass jetzt pro Pfund Obst und Zucker nur noch etwa 200 ml Rum nötig sind.

21. JUNI SOMMERSONNENWENDE

DER 21. JUNI IST DER LÄNGSTE TAG IM GANZEN JAHR. Die Sonnenwende hatte bei den astronomisch geprägten Religionen des Vorderen und Mittleren Orients einen besonderen Stellenwert, ebenso sahen auch die vorchristlichen germanischen und skandinavischen Religionen in diesem Ereignis ein Zeichen der Götter. Zu Ehren der himmlischen Mächte wurden riesige Feuer entzündet. Im Christentum wurden sie zu Johannisfeuern umgedeutet, denn der Gedenktag des Täufers Johannes (24. Juni) lag in unmittelbarer Nähe der Sommersonnenwende. Ein Sprung über das Johannisfeuer sollte – so Jacob Grimm – das Jahr über vor Fieber bewahren, von Sünden reinigen und Schwangeren die Niederkunft erleichtern. Im Allgemeinen soll dieser Zeitpunkt für das Sammeln von Kräutern besonders günstig sein. Johannis ist auch »Spargelsilvester«: Ab jetzt soll kein Spargel mehr gestochen werden.

Johannes, der Täufer vom Jordan, war ein leiblicher Vetter Jesu und ist neben Maria der einzige Heilige, dessen Geburtstag die Kirche neben dem sonst üblicherweise zelebrierten Todestag feiert. Sein Predigen machte den König Herodes Antipas misstrauisch – Johannes verurteilte öffentlich die Scheidung des Königs von seiner ersten Frau und die

HONIGKUCHEN

ZUTATEN

250 g Honig
2 Eier
100 g Puderzucker
400 g Mehl, Typ 1050
15 g Natron
150 ml Milch
25 g Lebkuchengewürz
200 g Mandeln, geschält
Fett und Mehl für die Form

Honig in einem Topf erwärmen und so lange rühren, bis er flüssig ist. Dann leicht abkühlen lassen. Zwischendurch hin und wieder umrühren, damit sich keine Haut bildet. Eier mit Puderzucker in einer Schüssel fest und schaumig schlagen. Mehl mit Natron mischen, in eine Schüssel geben und in die Mitte eine Mulde drücken. Honig, die Eischaummasse, Milch, Gewürz und Mandeln hineingeben. Alles zu einem weichen Teig kneten. Eine Kastenform (etwa 30 mal 11 cm) einfetten, mit Mehl ausstäuben und den Teig einfüllen. Die Form im vorgeheizten Ofen auf die mittlere Schiene stellen. 80 Minuten bei 180 °C backen. Kuchen aus dem Ofen nehmen, aus der Form stürzen und vollständig abkühlen lassen. Er schmeckt besonders gut, wenn er in Alufolie gewickelt ein paar Tage durchzieht.

Wiederverheiratung mit der Frau seines Bruders. Herodes ließ den beim Volk beliebten Täufer gefangen nehmen. Als seine Tochter Salome ihn mit einem sinnlich-erotischen Tanz betörte und sich etwas wünschen durfte, forderte sie den Kopf des Johannes auf einem Silbertablett. Herodes ließ den Täufer daraufhin enthaupten.

Die große Popularität des Täufers im Mittelalter – so Manfred Becker-Huberti aus Köln – könne man nicht nur an der weiten Verbreitung seines Namens erkennen, sondern auch daran, dass »Hans« oder »Hänschen« als verdeckte Bezeichnungen auftauchen, wie z. B. Hanswurst, Faselhannes, Plapperhannes, Prahlhans, Schmalhans, Hans-Guck-in-die-Luft. Auch in Fauna und Flora hat der Heilige seinen Namen hinterlassen: Johannisbeere, Johanniskraut, Johannisbrot und Johanniswürmchen (Glühwürmchen) belegen dies.

29. JUNI PETER UND PAUL

DIE BEIDEN APOSTEL SIND SCHUTZPATRONE der Arbeiterinnen, Theologen, katholischen Presse, Korbmacher, Sattler und Ritter; darüber hinaus Helfer bei Schlangenbiss, Furcht, Hagel, Kampf sowie Garant für die Fruchtbarkeit der Felder: Peter und Paul galten als »Wetterherren« und im 16. Jahrhundert wurde bei Trockenheit das Bild vom Heiligen Petrus umhergetragen und in Wasser getaucht. Überall in den Küstenorten fanden an Petri Ehrentag Prozessionen statt. Die Fischer dekorierten ihre Boote, und beim »Petrizug« schenkten sie den Geistlichen die größten Fische oder stifteten für einen Festschmaus.

HONIG

Je nach Wetterlage gab es Ende Juni den ersten Schleuderhonig. Vor allem waren es die Träger und Pfleger der Wissenschaften, der Künste, der Landwirtschaft und die Klöster, welche die Ausbreitung der Bienenzucht vorantrieben. Sie verpachteten Grund und Boden häufig nur unter der Bedingung, dass darauf Bienenzucht betrieben wurde. Die so genannten »Wachszinsigen« waren lediglich dazu verpflichtet, alljährlich den Zins in Wachs oder Wachskerzen zu liefern. Das Wachs diente schon im frühen Mittelalter zum Herstellen von Schreibtafeln.

Jahrhundertelange massive Rodung der Wälder raubte den Bienen ihre natürlichen Lebensräume. Lange schon ziehen die Imker mit ihren Bienenvölkern der jeweiligen Blüte von Obst- und Waldbäumen oder der Heide hinterher, um so einen sortentypischen Honig zu erhalten.

JULI

Der Monat Juli ist nach dem römischen Kaiser Julius Cäsar benannt. Im Jahr 44 v. Chr. wurde der siebte Monat unseres heutigen Kalenders nach ihm benannt. Bis dahin hieß er *quintilius* (der fünfte). Alte deutsche Namen für den Juli sind auch Heumonat, Heumond oder Heuet, da nun die Wiesen gemäht wurden und die Heuernte begann.

2	Mariä Heimsuchung
3	Apostel Thomas
7	Siebenschläfer
8	14 Nothelfer, Kilian
20	Margareta
23	Beginn der Hundstage
24	Christophorus
25	Jakobi
27	Pantaleon

2. JULI MARIÄ HEIMSUCHUNG

AN DIESEM TAG WIRD DIE ERINNERUNG an den Besuch Marias bei Elisabeth gefeiert. Erst der Heilige Bonaventura hat das heutige Fest 1263 im Franziskanerorden eingeführt und auf den 2. Juli festgesetzt. 1389 wurde das Fest auf die ganze abendländische Kirche ausgedehnt. Außerhalb des deutschen Sprachgebietes wird es seit 1970 am 31. Mai begangen. Weil es an Mariä Heimsuchung gebietsweise öfter regnete und sich abkühlte, nennt man das Fest dort heute noch »Maria Eintropfentag« oder »Mariasief«.

Die sommerliche Gewitterzeit rückt näher. Manches Haus, ja ganze Dörfer brannten nach einem Blitzschlag ab. Zum Schutz vor den Naturgewalten hängte man an Mariä Heimsuchung Haselnusszweige und Rosenkränze ans Fenster.

WESTFÄLISCHE PICKERTPÜFFERCHEN

ZUTATEN

40 g Hefe
1/2 l Milch
1 TL Zucker
500 g Mehl
4 dicke Kartoffeln
3-4 Eier
100 g Rosinen
1/2 TL Salz
Speiseöl zum Braten

Am Vortag die Hefe in etwas warmer Milch mit dem Zucker zusammenrühren und aufgehen lassen. Am Folgetag in den aufgegangenen Hefeteig das Mehl sieben, langsam unterheben und etwa eine Stunde bei Raumtemperatur weiter aufgehen lassen. Die Kartoffeln schälen und roh reiben, dann die Eier verquirlen und unter die Hefe-Mehlmasse rühren, die Rosinen mit warmen Wasser abspülen und abtrocknen, dann unter den Teig geben und salzen. Die geriebenen Kartoffeln abschütten (ohne die abgesetzte Stärke), in den Teig rühren und noch einmal kurz gehen lassen. In heißem Öl mit einer kleinen Kelle die Masse in der Pfanne portionieren und von beiden Seiten braun braten.

In Westfalen isst man den Pickert entweder mit Rübenkraut oder mit Hausmacher-Leberwurst.

3. JULI THOMAS

DIE KATHOLIKEN feiern heute den Tag des Apostels Thomas. Der evangelische Thomastag fällt auf den 21. Dezember. Dieser Tag war deshalb von besonderer Bedeutung, weil ihm die längste Nacht des Winters voranging. Er war manchmal auch noch der letzte Stichtag, an dem die »Mettensau« geschlachtet wurde. In dem Fall gab es natürlich abends schon frisches Kesselfleisch. Mit den Würsten hielt man sich noch zurück, sie gehörten zum Fest. Nach dem Essen gab es Thomasringerl oder schmalzgebackene Thomasküchel.

In der westfälischen Grafschaft Rietberg musste man in der Thomasnacht »ordentlich essen und trinken, um nicht todt zu hungern«. Das Gelage nannte sich »Rittbergische Hochzeit«. Hauptmahlzeit war der Pickert. Im Allgemeinen handelt es sich um ein Gericht aus Kartoffelteig. Aus diesem kann man auch dicke Pfannkuchen backen und erhält dann den berühmten Lappenpickert oder auch einen meist süßen Pfannenpickert. Man kann ihn aber auch in eine Kastenform füllen und wie einen Kuchen backen, dessen Scheiben in der Pfanne aufgebraten werden.

7. JULI SIEBENSCHLÄFER

Der Legende nach wurden sieben christliche Brüder im Jahre 251 n. Chr. in einer Höhle bei Ephesos eingemauert und schliefen 200 Jahre lang. Als sie schließlich befreit wurden, bezeugten sie ihren Glauben an die Auferstehung der Toten und starben.

Der Siebenschläfertag – ursprünglich der 27. Juni – ist der Tag der Wetterentscheidung für die schönsten Wochen des Jahres und der Erntezeit. Er wurde bei der gregorianischen Kalenderreform im Jahr 1582 meteorologisch auf den 7. Juli verschoben.

Der Volksmund weiß in unzähligen Variationen: »Siebenschläfer Regen – sieben Wochen Regen« oder »Ist der Siebenschläfer nass, regnet's ohne Unterlass«.

Ende Juni prallen über Deutschland zwei Fronten aufeinander: aus dem Norden polare Kaltluft, aus dem Süden tropische Warmluft. Der Verlauf der Front soll den Sommer bestimmen: Liegt sie im Norden, dann beglücken uns später Azorenhochs, befindet sie sich im Süden, schicken Islandtiefs ihre Ausläufer in hiesige Breiten. Dies haben die Bauern früher nicht gewusst, aber sie haben ihre Erfahrungen gesammelt und ausgewertet und daraus Regeln gebildet, die sich als Spruchweisheiten in über 1000 Beispielen erhalten haben.

8. JULI 14 NOTHELFER

Heute ist der Tag, an dem ausser St. Kilian alle anderen Nothelfer verehrt werden. In den Pest- und Hungerzeiten des 14. und 15. Jahrhunderts entstand in Süddeutschland eine besondere Nothelfergruppe. Die Verehrung dieser 14 Nothelfer breitete sich in Deutschland aus und reichte bis nach Ungarn und Italien. Die Nothelfer werden um Beistand in verschiedenen ihnen zugeschriebenen Notlagen angerufen. Jeder hat außerdem seinen eigenen Gedenktag: Achatius (22. Juni), Ägidius (1. September), Barbara (4. Dezember), Blasius (3. Februar), Christophorus (24. Juli), Cyriacus (8. August), Dionysius (9. Oktober), Erasmus (2. Juni), Georg (23. April), Katharina (25. November), Kilian (8. Juli), Margareta (20. Juli), Pantaleon (27. Juli) und Vitus (Veit, 15. Juni).

23. JULI BEGINN DER HUNDSTAGE

SEIT DEM 14. JAHRHUNDERT bezeichnet der Begriff »Hundstage« (auch Hitzetage) eine Schönwetterperiode, die nach dem Hundsstern Sirius, der Anfang August mit der Sonne auf- und untergeht, benannt wurde. Sie hat sich im Lauf der Jahrhunderte etwas verschoben und liegt heute in der Julimitte. Die Hundstage gehen bis auf das 3. Jahrtausend v. Chr. im alten Ägypten zurück. Astronomen beobachteten den alljährlichen heliakischen Aufgang (*ortus heliacus*, das erste kurze Erscheinen kurz vor Sonnenaufgang) des Sirius, der in Ägypten als Sothis bekannt war und als Basis für den gleichnamigen Kalender diente. Sein heliakischer Aufgang fand Mitte Juli statt und fiel mit der jährlichen Nilschwemme zusammen, die den lebensnotwendigen Schlamm auf die Felder spülte, der Grundlage für den Wohlstand Ägyptens war. Erstmals wird er in der Morgendämmerung am östlichen Himmel sichtbar, nachdem er zuvor lange unsichtbar war.

25. JULI JAKOBI

Jetzt, am Monatsende, sind die ersten Äpfel und Kartoffeln erntereif. Deswegen werden sie im Volksmund auch Jakobiäpfel und Jakobikartoffeln genannt.

KAISERSCHMARREN

ZUTATEN
4 Eier
120 g Mehl
30 g Zucker
Salz
1/4 l Milch
50 g Butter
30 g Rosinen
Puderzucker

Eier trennen, Mehl, Zucker, Salz und die Dotter mit der Milch zu einem glatten, zähflüssigen Teig verrühren. Eiweiß zu einem steifen Schnee schlagen und unter den Teig ziehen. Die Butter in einer Pfanne aufschäumen lassen, den Teig eingießen, anbacken, mit den Rosinen bestreuen, anschließend wenden und bei mäßiger Hitze im Backofen fertig backen, danach in unregelmäßige Stücke zerreißen und kurz andünsten lassen. Den Schmarren auf einer Platte anrichten, mit Zucker bestreuen und mit beliebigem Kompott servieren.

Man sollte den Schmarren nach dem Umdrehen für 5 Minuten zudecken, der entstehende Dampf lockert den Teig!

Über den »Kaiser« unter den Schmarren gibt es fast so viele Anekdoten wie Köchinnen und Köche. Wie er entstanden ist, gehört ins Reich der Legendenbildung.

Recht Einleuchtendes wird aus der kaiserlichen Intimzone berichtet. Kaiserin Elisabeth hielt ja, wie man weiß, auf eine tadellose Figur wesentlich mehr als von gutem Essen. Als der Kaiser mit seiner Gemahlin beim trauten Zweier-Souper saß, kündigte der Kammerdiener wieder einmal »eine neue Spezialität« an, die sich »der unterthänigste Hofkoch Eurer Majestät zur gnädigen Begutachtung zu präsentieren« erlaube. Es handelte sich dabei um eine merkwürdige Kreation aus zerrissenen Omeletten und Zwetschkenröster oder Apfelkompott. Elisabeth schüttelte wortlos den Kopf. Der Kaiser meinte, um die Situation zu retten: »Na geb er mir halt den Schmarren her, den unser Leopold da wieder z'sammpatzt hat.« Der »Schmarren« schmeckte dem in einfache Gerichte verliebten Monarchen jedoch so vorzüglich, dass er seither »Kaiserschmarren« heißt.

Eine andere – und wahrscheinlichere – Variante geht so: Bei einem Jagdausflug verirrte sich die kaiserliche Jagdgesellschaft in eine kleine Wirtschaft, die von einem »Kaser« (= Senner) betrieben wurde. Der Kaser erstarb natürlich vor Ehrfurcht, als er Seine Majestät eintreten sah. Und es war ihm furchtbar peinlich, ihm nichts anderes als einen primitiven Schmarren aus Eiern, Milch und Mehl anbieten zu können. Etwas anderes war nur schwer auf die abgelegenen Almen zu transportieren. Franz Joseph aß den Schmarren jedoch mit erstaunlichem Wohlgefallen und lobte den wackeren Senner: »Dieser Kaserschmarren wäre wahrhaft würdig, Kaiserschmarren zu heißen.«

Vielleicht verhält es sich beim»Kaiserschmarren« aber auch nur wie beim Kaiserfleisch, den Kaisersemmeln oder dem Kaiserwetter: Man will damit lediglich ausdrücken, dass etwas wirklich »kaiserlich« gut ist.

APFEL

Seit Jahrtausenden spielt der Apfel in Religionen und Mythologien vieler Völker eine wichtige Rolle. Am geläufigsten ist uns die Frucht aus der Bibel, wo sie am Baum der Erkenntnis im Paradies wuchs. Von allen andern Bäumen im Garten Eden durften Adam und Eva essen, von diesem zu essen war ihnen verboten. Das machte ihn natürlich besonders attraktiv. Und als dann noch die in diesem Baum liegende Schlange Eva einflüsterte, so schlimm werde eine Übertretung des göttlichen Gebotes ja wohl nicht sein, da konnte Eva nicht widerstehen:

Sie pflückte eine Frucht und gab Adam auch davon zu essen. Die Folgen sind bekannt: die Vertreibung aus dem Paradies.

Was das nun genau für eine Frucht war, sagt die Bibel nicht. Es könnte sich um Äpfel, Birnen, Quitten, Granatäpfel oder Feigen gehandelt haben. Im Falle der biblischen Überlieferung hat man sich jedenfalls erst im Laufe von Jahrhunderten darauf einigen können, dass die uneindeutige »Frucht« am Baum der Erkenntnis ein Apfel gewesen sei.

PRIESTERMÜTZEN MIT KIRSCHSCHAUM

ZUTATEN

2 EL Korinthen
6 Walnüsse
50 g Marzipan
40 g Butter
30 g Puderzucker
4 cl Apfelschnaps
4 Äpfel (am besten Cox Orange)
500 g Blätterteig
1 Eigelb
etwas Sahne
Mehl zum Ausrollen

FÜR DEN KIRSCHSCHAUM

4 Eigelb
30 g Zucker
50 ml Weißwein
4 cl Kirschwasser
Puderzucker zum Bestäuben

Für die Füllung die Korinthen in Wasser einweichen, dann die Walnüsse und die Korinthen hacken und das Marzipan fein würfeln. Alles zusammen in eine Schüssel geben und mit Butter, Puderzucker und Apfelschnaps locker durchrühren. Diese Mischung ein wenig ruhen lassen, damit das Marzipan den Schnaps aufnehmen kann. Die Äpfel schälen, Stiel und Kerngehäuse ausstechen, horizontal halbieren und etwas Fruchtfleisch großräumig herausschaben, damit die Füllung hinein passt. Diese in die untere Hälfte des Apfels setzen und mit der oberen verschließen. Den Teig zu vier der Größe der Äpfel entsprechenden Quadraten ausrollen und mit Eiweiß bestreichen, damit er während des Backens nicht herunterrutschen kann. Die gefüllten Äpfel jeweils in die Mitte setzen und mit dem Teig einschlagen, indem Sie die 4 Teigenden zur Apfelspitze hin zusammenführen. Die 4 Spitzen mit den Fingern wie eine Krawatte zusammendrücken. Eigelb mit etwas Sahne vermischen und die Priestermützen damit bestreichen. Beim Backen erhalten sie so eine schöne goldgelbe Farbe. Ein Backblech mit Butter bestreichen, die Priestermützen darauf setzen und in der unteren Ofenhälfte bei 180 °C backen. Die Backzeit beträgt etwa 20 Minuten.

Alle Zutaten für den Kirschschaum in einer Wasserbadschüssel zusammenrühren und mit dem Schneebesen über kochendem Wasser schaumig aufschlagen, bis das Eigelb gebunden hat. Einen Kirschschaumspiegel auf jeden Teller geben, die Priestermützen darauf setzen und mit Puderzucker bestäuben.

BAYERISCHER BIERHIMMEL

Noch acht Klosterbrauereien locken allein in Bayern die Ausflügler und Feriengäste und natürlich auch Wallfahrer. Insgesamt 41 Klosteranlagen sind kommerzielle Wirtschaftsbetriebe, die beispielsweise Hostien backen oder Liköre destillieren – und ihre Produkte selbstverständlich auch im Klosterladen verkaufen (siehe Serviceteil S. 141).

BENEDIKTINERABTEI WELTENBURG

Das Kloster Weltenburg liegt am romantischen Donaudurchbruch. Es wurde von den iro-schottischen Wandermönchen Eustasius und Agilus von Luxeuil (Burgund) aus um das Jahr 600 gegründet und ist damit die älteste klösterliche Niederlassung Bayerns. Die von den Gebrüdern Asam in den Jahren 1716-1739 erbaute und ausgestaltete Abteikirche zählt zu den Spitzenleistungen des europäischen Barocks. Im Jahre 1803 fiel Weltenburg der Säkularisation zum Opfer und wurde aufgelöst. Es wurde aber schon 1842 durch König Ludwig I. von Bayern als Priorat wieder errichtet und von Mönchen aus Metten besiedelt. Seit dem Jahre 1913 ist Weltenburg wieder Abtei.

Die Gemeinschaft sieht ihre Hauptaufgabe in der Betreuung von vier Pfarreien und in der Aufnahme von Gästen. Diesem Zweck dient die Begegnungsstätte St. Georg mit Unterbringungsmöglichkeiten für etwa 60 Personen. Die Heimvolkshochschule (HVHS) der Weltenburger Akademie e.V. engagiert sich mit einer Reihe von Seminaren im Bereich der katholischen Erwachsenenbildung. Außerdem werden Exerzitien und Einkehrtage angeboten. Eine weitere pastorale Aufgabe ist, den jährlich 500.000 Touristen in den Kirchenführungen über Architektur und Kunst auch das Christentum zu vermitteln. Für das leibliche Wohl der Touristen sorgen die Klosterbrauerei und die Klosterschenke.

KLOSTER ANDECHS

AUF DEM »HEILIGEN BERG« AM AMMERSEE wird nachweislich seit 1455 ein weitgerühmtes Braunbier in großen Mengen gebraut und öffentlich ausgeschenkt. Zum Kloster gehören neben einer berühmten Wallfahrt auch die Opern des hier beigesetzten Carl Orff, Mysterienspiele, Jazzkonzerte und vieles andere.

Kloster Andechs, von weit her sichtbar inmitten des Fünf-Seen-Landes, ist seit über 500 Jahren ein beliebtes Ziel für Pilger. Als Ort der Begegnung und Orientierung ist wegen seiner Brauerei, dem Bräustüberl und dem Klostergasthof und nicht zuletzt wegen seines reichhaltigen kulturellen Angebotes in den repräsentativen Räumlichkeiten des Fürstentraktes ein begehrter Tagungsort und Anziehungspunkt für Besucher aus der ganzen Welt.

Als erfolgreiches Wirtschaftsunternehmen kann Kloster Andechs seinem Stiftungsauftrag nachkommen und als Wirtschaftsgut alle finanziell erforderlichen Mittel für die Versorgung und den Unterhalt der Abtei St. Bonifaz in München selbst aufbringen; es bekommt keine Zuweisungen aus Kirchensteuermitteln.

Das von Mönchen und Mitarbeitern gemeinsam erstellte Leitbild bringt die Unternehmenskultur der Klosterbetriebe anschaulich auf den Punkt: »Unsere Tradition ist es, fortschrittlich zu sein; unseren Fortschritt verdanken wir einer großen Tradition.«

DIE KLOSTER-BRAUEREI ETTAL

DAS KLOSTER ETTAL wurde am 28. April 1330 von Kaiser Ludwig IV. gegründet. Die Geschichte der Bierbrauerei beginnt freilich erst viel später. Im 15. und 16. Jahrhundert hatte das Kloster eine Brauerei im nahe gelegenen Oberammergau. 1609 ließ Abt Leonhard Hilpolt (1590-1615) die Brauerei aus Oberammergau nach Ettal transferieren und nach den Plänen des Bierbrauers M. Caspar Helffenrieder aus Schongau ein neues Brauereigebäude inmitten der Klosteranlage errichten. Rechnungen aus dieser Zeit belegen auch, dass neben dem Bier schon um 1609 der »Ettaler Klosterliqueur« von den Mönchen der Abtei hergestellt wurde. Zudem geht aus den Rechnungen hervor, dass damals in der Nähe von Murnau Hopfen angebaut wurde. Die bedeutsamste

Urkunde für die Klosterbrauerei Ettal stellt die »Bier Concession« vom 11. April 1618 dar, die offiziell das Recht zur Herstellung und zum Vertrieb des Bieres begründet.

Mit der Säkularisation von 1803 war auch das Ende des alten Klosters Ettal gekommen. Die Brauerei aber sollte nicht geschlossen werden und wurde zusammen mit den Klostergebäuden am 26. Dezember 1809 an den Generalpostdirektionsrat Josef von Elbling zum Preis von 38.000 fl. verkauft.

Am 5. November 1898 erwarb das Klostergut schließlich der Reichsrat Baron Theodor v. Cramer-Klett und überließ es der Abtei Scheyern unter Abt Rupert III. Nach der Wiederbegründung am 6. August 1900 ging die Brauerei wieder in den Besitz des Klosters über und die Mönche zeichneten von diesem Zeitpunkt an wieder für die wirtschaftlichen Geschicke der Brauerei verantwortlich. Charakteristisch für die Ettaler Klosterbiere ist ihre kräftige Note. Der alte Spruch, Bier sei flüssiges Brot, wird bei den Bierspezialitäten aus Ettal besonders spürbar.

OBATZDA
(ÜBERSETZT: ANGEPATZTER)

ZUTATEN

200 g Camembert
100 g Butter
1 kleine Zwiebel
1 TL Kümmel, gemahlen
100 ml Bier
Salz
schwarzer Pfeffer, frisch gemahlen
1 Msp. Cayennepfeffer
2 EL Paprikapulver, edelsüß
1 EL Schnittlauchröllchen
Zwiebelringe

Den vollreifen Käse und die Butter rund 2 Stunden vor der Zubereitung aus dem Kühlschrank nehmen. Den Camembert mit der Gabel zerdrücken, die Butter in Flocken zugeben und mit einer Gabel gut vermischen. Die sehr fein gewürfelte Zwiebel zugeben sowie den gemahlenen Kümmel und das Bier. Mit Salz, Pfeffer, Cayennepfeffer und Paprika kräftig abschmecken. Mit Schnittlauch und Zwiebelringen dekorieren. Passt perfekt zu Bier und Brez´n, und wer es besonders deftig mag, kann anstelle eines Camemberts auch einen reifen Limburger verwenden.

DER BIERGARTEN

DIE BAYERISCHEN BRAUER HATTEN ANNO 1539 EIN PROBLEM: Sie durften nur noch zwischen Michaeli und Georg brauen, also lediglich vom 29. September bis zum 23. April. Kein Bier im Sommer – unvorstellbar! Da hatten die findigen Brauer eine Idee. Sie ließen bis zu zwölf Meter tiefe Kellerhöhlen ausheben. Hier konnte das Bier in Fässern reifen und lagern, unter riesigen Brocken von Natureis, das im Winter aus Flüssen und Seen geschlagen wurde. Zum Schutz vor Sonnenwärme pflanzte man noch schattenspendende Kastanien oder Linden. An diesen lauschigen Plätzchen wurde nun im Sommer das frische Bier ausgeschenkt.

Fortan zog es natürlich an warmen Tagen Scharen von Durstigen dahin, wo es das kühle Bier gab – was den Münchner Wirten natürlich wenig gefiel, schließlich seien die Brauer zum Brauen da und nicht zum Verkauf an die Konsumenten, zürnten sie.

Da sprach der Bayernkönig Ludwig I. ein Machtwort: Die Brauer durften zwar ihr Bier verkaufen, aber keine Speisen. So kam es, dass man seine Brotzeit selbst mitbringen musste, wollte man bei einer Maß »auf dem Keller« etwas essen.

Die Zeiten haben sich zwar geändert; doch der Brauch, sich seine Brotzeit in den Biergarten selbst mitbringen zu dürfen, hat sich bis heute erhalten.

AUGUST

Der Monat ist nach dem römischen Kaiser Augustus benannt. Er ist der 6. Monat (*sextilis*) im vorjulianischen und im julianischen Kalender. Früher nannte man ihn auch Ähren- oder Erntemonat. Im so genannten Schnittmonat zeigt die Sonne noch einmal all ihre Kraft, ehe es ab Mitte August wieder anfängt zu regnen und der Sommer sich dem Ende neigt.

1 Petri Kettenfeier
6 Erklärung des Herrn
8 Cyriacus
10 Laurentius/Lorenz
15 Mariä Himmelfahrt
22 Maria Königin
24 Bartholomäustag

EBERESCHEN-HOLZAPFEL-GELEE

ZUTATEN

750 g Ebereschenbeeren
750 g Holzäpfel
3 Tassen Zucker

Die Beeren und die Äpfel in grobe Stücke schneiden und in einem großen Topf mit drei Tassen Wasser zum Kochen bringen. Die Früchte 45 bis 60 Minuten simmern lassen, bis sie sehr weich sind und mit einem Holzlöffel zerdrückt werden können. Die heiße Fruchtmasse in ein feuchtes Safttuch gießen und mindestens 12 Stunden (oder über Nacht) durchlaufen lassen. Den passierten Fruchtsaft mit einem Messbecher messen. In einem großen Topf den Zucker mit 1 l Saft vermischen und unter ständigem Rühren auf kleiner Flamme erhitzen, bis sich der Zucker auflöst. Sirup aufkochen und 25 Minuten kochen lassen, bis der Gelierpunkt erreicht ist. Schaum abschöpfen. Das Gelee in warme, sterilisierte Gläser füllen und die Gläser verschließen.

1. AUGUST PETRI KETTENFEIER

PETRI KETTENFEIER erinnert an die Gefangenschaft des Heiligen Petrus. Der 1. August galt als großer Unglückstag, weil der Teufel durch Gott in die Hölle gestürzt wurde. Noch heute ist dieser Tag für Abergläubische ein Unglückstag. So sollen an diesem Tag Geborene Geister und Hexen sehen können und einen frühen oder unnatürlichen Tod finden. Deshalb hängten unsere Vorfahren einen Zweig der Eberesche mit reifen Beeren als Glücksbringer an Häuser, Ställe und Scheunen.

Die Beeren der Eberesche sind tieforange und ungekocht nicht genießbar. Nur Vögel, besonders die Seidenschwänze, finden an den rohen Beeren Gefallen und plündern die Bäume regelrecht. Das säuerliche Ebereschengelee (siehe links) passt sehr gut zu Fleisch; es kann aber auch zum Ablöschen von Bratensaft verwendet werden und so die Grundlage für eine Sauce bilden.

10. AUGUST LAURENTIUS

DER HEILIGE WAR DIAKON IN ROM, ein Märtyrer, der im Jahr 258 starb. Der Legende nach wurde er auf einem glühenden Rost verbrannt. Er ist der Patron der mit Feuer beschäftigten Berufe, z.B. der Feuerwehrleute, aber auch der Bibliothekare und Verwalter.

Laurentius ist einer der meistverehrten Heiligen der Kirche und erhielt in Rom fast die Bedeutung von Petrus und Paulus. Über seinem Grab in Rom wurde 330 durch Konstantin die Kirche *S. Lorenzo fuori le mura* errichtet, weitere 30 Kirchen in Rom sind nach ihm benannt. Das Haupt von Laurentius gilt als eine der kostbarsten Reliquien überhaupt und ruht daher im vatikanischen Tresor.

Laurentius ist für die Bauern der erste »Herbstbruder« beim Beginn des Anbaus der Feldfrüchte des Herbstes. »Laurentiustränen« heißen die zahlreichen Sternschnuppen in den August-Nächten. »Laurentiusbrot« wurde früher gesegnet und dann an Arme, oft auch an das Vieh, verteilt. »Laurenzilorbeer«, die oft meterhohe, gelbblütige Goldrute, gilt als Heilmittel für verschiedene Krankheiten. Geweihte »Laurenzikohlen« schützen vor Feuer, der »Laurentiussegen« schützt bei Feuer und bei brennenden seelischen Qualen. Die Winzer bringen ihm an seinem Tag ihre Erstlingstrauben dar, nach ihm ist auch die Rebsorte St. Laurent benannt. Neben Wallfahrten und Bittgängen wurden am Laurentiustag auch Pferde und Fluren gesegnet, und in den Häusern war das Anzünden von Feuer verboten.

Da der Heilige nach der Legende auf einem Rost gequält wurde, machte eine vor makabren Anspielungen nicht zurückschreckende Zuordnung den Laurentius zum Patron der Köche, Konditoren, Bierbrauer und Wirte.

Wir sollten eigentlich dankbar sein, dass wir heute und nicht vor einigen hundert Jahren leben. Der allgemeine Küchenzettel von damals bestand in der Hauptsache aus Brei und Brot. Fleisch war selten, Wild ein reines Herrenvergnügen, Kühe und Hühner gaben ihre Produkte nur sparsam, der Roggen stand vor dem Weizen, es gab noch keine Kartoffeln, Reis und Zucker waren Luxus, Obst nur eine Sache des Sommers; was blieb, waren Kraut und Rüben. So ist es nicht verwunderlich, dass es sogar gleich zwei Rübenheilige gab. Zuerst Sankt Oswald (5. August), und, damit das rechtzeitige Aussäen nicht vergessen werde, speziell für die Stoppelrüben (bayerische Ruam), den Heiligen Lorenz (10. August). Als besonderes Gemüse und Spezialität unter den Stoppelrüben oder Rübsen, wozu neben Mai- und Herbstrüben auch das im Westen Deutschlands beliebte Stielmus zu zählen ist, gelten die Teltower Rübchen, eine nur daumengroße Zwergform, die jahrhundertelang nur südlich von Berlin im Sandboden der Mark Brandenburg kultiviert wurde. Sie enthalten weniger Wasser als die anderen Rübsensorten, dafür relativ viel Zucker, Stärkemehl und bis zu drei Prozent Eiweiß. Heute kommen sie aus Norddeutschland, insbesondere den Vierlanden bei Hamburg. Wegen ihres eigenartigen Geschmacks werden sie unter Feinschmeckern immer schon geschätzt. Goethe ließ sie sich per Eilboten von Freunden aus Berlin nach Weimar schicken. Sogar der Feinschmecker und Justizminister Napoleons, Cambacérès, servierte die feinen Rübchen auf seiner Festtafel.

Im übrigen meint der Heilige Lorenz auch noch: »Lorenzenbrot schimmelt nicht«, was im übertragenen Sinn bedeutet, dass das erste Brot aus frischem Korn zu gut geschmeckt hat, um es alt und schimmlig werden zu lassen.

TELTOWER RÜBCHEN

Zutaten

800 g Teltower Rübchen
40 g Butter
20 g Zucker
1/8 l Rinderfond (Glas)
Salz
weißer Pfeffer
1 TL Speisestärke
1 Bd. Petersilie

Rübchen waschen, schälen, abtropfen lassen und in feine Scheiben oder 2 cm große Würfel schneiden. Butter im Topf schmelzen, Zucker einrühren und 2 Minuten goldbraun anrösten. Rübchen dazugeben und 5 Minuten leicht bräunen. Rinderfond angießen, salzen und pfeffern. Dann bei schwacher Hitze zugedeckt 45 Minuten dünsten. Speisestärke in einem Becher mit sehr wenig Wasser glatt rühren. Die Rübchen damit binden und einmal kurz aufkochen lassen. Nach Geschmack mit Salz und Pfeffer nachwürzen. Die Teltower Rübchen in eine vorgewärmte Schüssel geben, mit fein gehackter Petersilie bestreuen und servieren.

ABTEI KÖNIGSMÜNSTER

IM SAUERLÄNDISCHEN HILCHENBACH liegt der schöne Siebelnhof von Erich Steuber. Hier wird alljährlich im November ein Charity-Dinner veranstaltet, die *Siebelnhofer Tafel* oder *Tabula Benediktina.* Das Menü wird in der Hauptsache aus Zutaten gekocht, die die nahe gelegene Benediktinerabtei Königsmünster erzeugt: Poularden, Puter, Schwein, Piemonteser Fleischrind und Käse. Dazu übernehmen die Mönche den Service. Die Feste sind fröhlich, die Stimmung festlich gehoben. An einem solch anregenden Abend entstand auch die Idee zu diesem Buch.

Das Kloster in Meschede wurde erst 1928 gegründet. Cellerar Pater Reinald, der stolz den Namen »Putenpater« trägt, ist ein bodenständiger gelernter Bauer. Ihn freut die Tatsache, dass nach der Messe der Klosterladen gestürmt wird. »Für viele unserer Kunden hat ein Stück Wurst aus der Kloster-Metzgerei eine größere religiöse Ausstrahlung als eine langweilige Predigt.« Zur Gemeinschaft in Königsmünster gehören derzeit 66 Brüder. Davon wirken sechs als Missionare in Tansania, Südafrika und Südkorea. Das Durchschnittsalter beträgt etwas mehr als 44 Jahre.

»Ora et labora« – unter diesem benediktinischen Motto steht auch die Einladung an die Gäste, an dem Alltag der Gemeinschaft teilzunehmen. In der Regel können Gäste etwa vier Stunden täglich mitarbeiten. Das ist vor allem Arbeit in der Gärtnerei, im Bereich der OASE und der Missionsprokura. Dabei geht es zumeist um einfache Tätigkeiten. Die Übernachtung und die Mahlzeiten finden im Jugendgästehaus, der OASE statt. Wichtig: Bringen Sie Arbeitskleidung mit, die auch schmutzig werden darf!

Eine westfälische Spezialität, die in Königsmünster gern zubereitet wird, ist Spanisch Fricco (siehe rechts), das schon im berühmten Kochbuch der Henriette Davidis (1801-1876) erwähnt wird.

Eine weitere Besonderheit ist der würzige Rohmilchfrischkäse aus der hauseigenen Molkerei. Ein köstliches Rezept mit diesem Rohmilchkäse finden Sie links.

GEBACKENER ROHMILCHFRISCHKÄSE

ZUTATEN

500 g Rohmilchfrischkäse, in Olivenöl eingelegt
4 EL Olivenöl
1-2 Knoblauchzehen, zerdrückt
1 TL Kräuter der Provence
etwas Kräutersalz
Pfeffer
300 g feine Porreeringe, geputzt

Rohmilchfrischkäse in großen Stücken in eine feuerfeste Form legen. Olivenöl, Knoblauch, Kräuter, Kräutersalz und Pfeffer mit den Porreeringen vermengen und über den Käse verteilen. Im vorgeheizten Backofen bei 170 °C etwa 10 Minuten backen.

15. AUGUST
MARIÄ HIMMELFAHRT

Im 5. Jahrhundert feierte man den »Tag der Gottesmutter« in Jerusalem. 431 erkannte das Konzil von Ephesus Maria den Titel »Gottesgebärerin« zu. Im 7. Jahrhundert feierte man das Fest »Aufnahme Mariens« in Gallien, später dann in Rom am 15. August. 813 wurde das Marienfest in Deutschland eingeführt und 1950 das Dogma »von der ganzmenschlichen Aufnahme Mariens in den Himmel« verlautbart. Im Augenblick der Himmelfahrt Marias soll aus dem Grab ein wunderbarer Duft von Kräutern und Blumen entstiegen sein. Beim Öffnen des Grabes durch die Apostel fanden diese eine Vielzahl an Kräutern und Blumen. Dieser Legende nach feiert man heute bzw. am Sonntag vor oder nach dem 15. August die Kräuterweihe, Würzweih oder den Büschelfrauentag.

Im 13. Jahrhundert belegt der Sachsenspiegel den Brauch der Kräuterweihe: »... dat is zu Krudemisse [= Kräutermesse, -weihe] unser liben Frawn, als sei to himel voer« und auch Sebastian Franck erwähnt 1534 diesen Aberglauben: »an unser frawen himmelfart da tregt alle welt obs / büschel allerley kreuter / in die kirchen zu weihen / für alle sucht und plag uberlegt / bewert. Mit disen kreutern geschicht seer vil zauberey.«

Ein gesegneter Kräuterstrauß wird zur Abwehr von Unheil in Ställen, Hausgiebeln und in der Wohnung im Herrgottswinkel angebracht. Der Krautbund besteht meist aus drei mal drei, also neunerlei Kräutern, darunter immer die Königskerze, der so genannte Himmelsbrand. Dazu kamen Wermut, Kamille, Schafgarbe, Tausendgüldenkraut, Johanniskraut, Pfefferminze, Thymian, Baldrian, Holunder und Getreide.

SPANISCH FRICCO

Zutaten

500 g Schweinefleisch in Würfeln (1 x 1 cm)
Salz
Pfeffer
20 g Butter
250 g Zwiebeln
1/8 bis 1/4 l trockener Weißwein
1/4 bis 3/8 l Sahne
2 EL Worcestersauce
2 EL Suppenwürze
1 Pr. Muskat
500 g Kartoffeln, gekocht und gewürfelt
2 EL Schnittlauchröllchen

Fleischwürfel salzen, pfeffern und in der ausgelassenen Butter anbraten, Zwiebel würfeln, dazugeben und ebenfalls anbraten. Mit Weißwein ablöschen und zugedeckt etwa 40 bis 60 Minuten bei mäßiger Hitze garen. Sahne zugeben und mit den Gewürzen abschmecken. Die Kartoffelwürfel zum Fleisch geben und nochmals gut erwärmen. Mit Schnittlauchröllchen bestreut servieren.

Im Klosterstift Klosterneuburg in Niederösterreich serviert man einen marinierten Tafelspitz, der besonders gut schmeckt mit einem Gustostückerl vom Piemonteser Fleischrind.

MARINIERTER TAFELSPITZ MIT KAROTTEN-PILZ-SALAT

ZUTATEN
1 Zwiebel
500 g Karotten
1/2 Sellerieknolle
1/2 Lauchstange
1 kg Rindertafelspitz
Wacholder
Nelke
Lorbeer
500 g gemischte Pilze
2 Schalotten
Sherry-Essig
Estragon-Essig
Olivenöl
Kürbiskernöl
3 Karotten
1 Bd. Schnittlauch

Gemüse putzen und zerkleinern. Zusammen mit dem Tafelspitz in einem Sud mit Wacholder, Nelke und Lorbeer in 2 bis 3 Stunden bei ganz niedriger Temperatur weich kochen. Sud passieren und Fleisch im Sud erkalten lassen. Kalt in dünne Scheiben schneiden (quer zur Fleischfaser).

Pilze putzen und scharf anbraten, Schalotten gewürfelt dazugeben und würzen. Mit Sherry-Essig, Estragon-Essig, Olivenöl, Kürbiskernöl und etwas Tafelspitzfond eine Marinade herstellen und Pilze darin marinieren. Karotten schälen und in Streifen schneiden, kurz blanchieren und warm in die Marinade legen. Fein geschnittenen Schnittlauch großzügig darauf verteilen.

24. AUGUST BARTHOLOMÄUSTAG

AM BARTHOLOMÄUSTAG BEGINNT DER BÄUERLICHE HERBST. Die Getreideernte geht zu Ende und die Aussaat des Winterkorns beginnt. Die Obsternte und der letzte Grasschnitt (Grummeternte) liegen an, Haselnüsse sind reif und können geerntet werden. Auch die Laichzeit der Fische und damit die Schonzeit im Binnengewässer geht zu Ende.

Der Bachsaibling ist ein forellenartiger Fisch (*Salvelinus fontinalis*), er hat einen olivgrünen bis braunen Rücken und darauf weiße Flecken. Sein Idealgewicht liegt bei 700 g. Natürlicherweise lebt er in sauerstoffreichen tiefen Seen, er wird aber auch in der Teichwirtschaft gezogen. Die bis zu 3000 g schweren Seesaiblinge (*Salvelinus alpinus*) haben einen hellroten Bauch, die Flossen sind hellrot und weiß gerändert. Ihr Fleisch ist weiß bis hellrosa.

SAIBLING IN KRÄUTERN UND RIESLINGSAUCE

ZUTATEN

2 Saiblinge (450 g brutto)
2 Frühlingszwiebeln
einige Stiele von den Kräutern der Rieslingsauce
1 Stich Butter
200 ml Weißwein
etwas Wasser
Salz

FÜR DIE RIESLINGSAUCE

2 Schalotten
2 EL Estragon-Essig
200 ml Riesling
Fischsud
200 ml Sahne
Salz
Cayennepfeffer
Zitronensaft
2 Spritzer Worcestersauce
etwas Butter
Weißwein
Zitronensaft
2 TL Meerrettich, fein gerieben
4 EL Kräuter, fein geschnitten (z.B. Kerbel, Dill, Estragon, Schnittlauch)

Für den Fischsud Gräten und Kopf der Saiblinge zerkleinern und Frühlingszwiebeln in feine Scheiben schneiden. Zusammen mit den Kräuterstielen in Butter langsam anschwitzen; mit Weißwein und etwas Wasser bedecken und zum Aufkochen bringen. Eine Prise Salz dazugeben und im geschlossenen Topf 20 Minuten ziehen lassen.

Schalotte sehr fein schneiden und mit Estragon-Essig im Riesling bei schwacher Hitze fast gänzlich einköcheln lassen. 2 EL des Fischsuds, Sahne, Salz, Cayennepfeffer, Zitronensaft und Worcestersauce beigeben und sämig kochen. Mit etwas Fischsud aufgießen.

Für das Dünsten der Saiblingsfilets einen Bratschlauch mit Butter ausstreichen und mit Salz bestreuen. Etwas Weißwein, Fischsud und Zitronensaft untergießen. Filets obenauf mit Salz bestreuen, in den Bratschlauch legen und im vorgeheizten Ofen bei 140 °C rosa garen. Haut der Filets abziehen, Filets auf heiße Teller geben und mit Salz bestreuen. Sauce heiß schlagen, Flüssigkeit vom Dünsten, Meerrettich und Kräuter beigeben. Nach Zugabe der Kräuter darf die Sauce nicht mehr kochen. Filets mit der Sauce begießen. Mehlige Dampfkartoffeln oder knackige Gemüsestreifen (z.B. Mangold) passen gut als Begleiter. Man kann die Filets auch auf beiden Seiten kurz anbraten.

DIE APOTHEKE GOTTES

IN DER STIFTSBIBLIOTHEK des steirischen Benediktinerklosters Admont haben Pharmakologen die weltweit größte Sammlung mittelalterlicher Klosterrezepte gefunden. Traditionelle Rezepturen aus der Klostermedizin werden von der modernen Medizin wiederentdeckt, neue Analyseverfahren testen die Kräuterkunde aus dem Mittelalter nach neuesten wissenschaftlichen Standards. Mehr als 700 Heil- und Gewürzkräuter werden bei den steirischen Benediktinern gehegt und gepflegt. Altbekannte Heilkräuter wie die Zwiebel oder die Ringelblume Calendula ebenso wie neuentdeckte Phytopharmaka aus anderen Kulturkreisen, etwa der rote Sonnenhut Echinacea.

In sehr alten Schriften wird beschrieben, was heute wieder Mode ist: Johanniskraut gegen Depressionen, Mönchspfeffer gegen Menstruationsbeschwerden, Salbei gegen Halsbeschwerden jeder Art. Im Klostergarten von Admont wird die Heilkräuter-Tradition zeitgemäß weiterentwickelt. Eine spezielle »Forschungsgruppe Klostermedizin« der Universität Würzburg prüft ständig Wirkstoffe alter Rezepturen.

AM 17. SEPTEMBER 1178 STARB HILDEGARD VON BINGEN (siehe auch Seite 112) im Kloster Rupertsberg bei Bingen. In den letzten Jahren hat die so genannte Hildegardmedizin einen ungeheuren Aufschwung genommen. Da kennt sich Schwester Scholastica Steinle von der Abtei der Heiligen Hildegard aus. Auch die Äbtissin vom Rhein war ein Kind des Mittelalters: Tiefste Frömmigkeit hinderte sie nicht am Glauben an Magie und Mythen. Ein Smaragd, so preist Hildegard zum Beispiel in einer ihrer Schriften, entstehe aus der »Grünkraft der Luft« und helfe gegen Seitenstechen, Herzbeschwerden und Magenleiden. Also doch keine heilende Heilige? Schwester Scholastica meint, man soll nicht Hildegards Rezepte und ihre mangelhafte Kenntnis der Organe in den Vordergrund stellen. Wichtiger sei der Blick auf den ganzen Menschen, den sie schärfte: Dass Leib und Seele immer nur gemeinsam heil sein können, wusste die Benediktinerin schon, bevor die »alternative« Medizin Jahrhunderte später »Ganzheitlichkeit« und »Psychosomatik« entdeckte. Heute bestätigt die Schulmedizin vieles, was in der Klostermedizin bereits bekannt war.

Hildegard legte das letzte Werk der Klostermedizin vor. Zwischen 1150 und 1160 verfasste sie ein Buch zur Natur- und Heilkunde, den »Liber subtilitatum diversarum naturarum creaturarum« (Buch von den feineren Eigenschaften der verschiedenen Naturen der Schöpfung). Darin befindet sich ein großer Abschnitt zu den Heilpflanzen mit über 200 Kapiteln. Hildegards »Phytotherapie« ist vor dem Hintergrund des mittelalterlichen Gesamtkonzepts des Kosmos zu sehen, das sich in ihren Werken erstmals ausformuliert vorfindet. Religiöse und wissenschaftliche Deutung stehen eng beisammen.

GEWÜRZE UND KRÄUTER UND IHRE HEILENDE WIRKUNG

Anis	*Blähungen, Bauchkrämpfe, Schnupfen, Verstopfung, stressbedingte Müdigkeit*
Fenchel und Fenchelkraut	*Blähungen, Augenleiden, Fettsucht, Atembeschwerden und Menstruationsbeschwerden*
Gewürznelke	*Schmerzen, Kältegefühl und Entzündungen*
Ingwer	*Nervöser Magen, Erkältung, Reisekrankheit, Rheuma und Nervosität*
Kardamom	*Appetitlosigkeit und chronische Krankheiten*
Koriander	*Träge Verdauung, Appetitlosigkeit, Migräne, Potenzprobleme und Blähungen*
Kümmel	*Krämpfe, Koliken, Blähungen und Bronchitis*
Piment	*Blähungen, Magenbeschwerden, Haarausfall, Schuppen, Nervosität und Stress*
Rosmarin	*Hypertonie, Rheuma, Gicht, schwache Gefäße, Kopfschmerzen und Energiemangel*
Salbei	*Halsentzündungen, starkes Schwitzen, Kopfschmerzen, Menstruationsbeschwerden und Niedergeschlagenheit*
Sternanis	*Magenkrämpfe, Husten, Rheuma, Berührungsangst*
Thymian	*Blähungen, Grippe, Erkältungen, Ängste, Alpträume*
Vanille	*Unruhe, Aufregung, Unausgeglichenheit*
Wacholder	*Rheuma, Gicht, Magen-Darm-Beschwerden. Vorsicht! nicht überdosieren und nicht verabreichen bei Niereninsuffizienz sowie in der Schwangerschaft*
Zimt	*Kreislaufschwäche, Atembeschwerden und Erkältungen*

SEPTEMBER

1 Ägidius
8 Mariä Geburt
12 Mariä Namen
14 Kreuzerhöhung
17 Hildegard von Bingen
20 Hubertus/Eustachius
21 Matthäus
29 Erzengel Michael

Der September war ursprünglich der siebte Monat (lat. *septem* = sieben). Im Althochdeutschen wurde der September auch *Witumanot* (= Holzmonat), *Herbistmanot* (= Herbstmonat) und später auch noch Herbsmond oder Scheidung genannt. Letzteres, weil der Tag, der Sommer und Herbst scheidet, auf den 23. September fällt.

Waren Eicheln, Bucheckern und Kastanien reif, wurden früher die Schweine in den Wald getrieben, um sich daran fett fressen zu lassen. Jahre einer reichen Eichel- oder Bucheckernernte waren also erfreut begrüßte Mastjahre.

Schon zu Zeiten der Germanen mästete sich das begehrte Borstenvieh sozusagen selbsttätig mit den Eicheln aus den Wäldern, bis die Schwarte knackte. Diese Schweine genossen einen gefährlichen Ruf, und der römische Historiker Strabo berichtet, selbst ein Wolf laufe Gefahr, den Kürzeren zu ziehen, wenn er sich mit ihnen anlegte. Dennoch gelang es den Galliern, sie in Würste und geräucherte Schinken zu verwandeln, die in großen Mengen in römisches Territorium exportiert wurden, wo man sie mehr schätzte als die einheimischen Produkte.

MARONEN

Edelkastanien, in Süddeutschland und Österreich »Maroni« genannt, sind die essbaren Kastanien, die besonders südlich der Alpen bestens gedeihen und hoch geschätzt werden. Esskastanien waren jahrhundertelang ein fester Bestandteil des Küchenzettels armer Leute.

Die Edelkastanie spielt auch eine große Rolle in Hildegards Heilkunde: »Wer aber Schmerzen an der Milz leidet, brate diese Kerne etwas am Feuer und dann esse er sie oft etwas warm, und die Milz wird warm und strebt nach völliger Gesundheit. Auch wer Magenschmerzen hat, koche diese Kerne ...«

KASTANIENREIS MIT SAHNE

Zutaten

800 g Esskastanien
1/2 l Milch
4 EL Marillengeist (Barack Palinka)
200 ml Sahne
1 Pr. Salz
5 EL Zucker
1 Päck. Vanillezucker
10 Meringue-Schalen
Maraschino-Kirschen

Die geschälten Kastanien in Milch etwa 40 Minuten weich kochen. Vorsicht: kann anbrennen. Nach Bedarf noch mehr Milch beigeben. Das entstehende Mus muss jedoch sehr kompakt sein. Marillengeist dazugeben.

Sahne mit Salz, Zucker und Vanillezucker möglichst steif schlagen. Dessertteller mit Meringue-Schalen (Baiser, Spanischer Wind) belegen. Das Kastanienmus durch eine Kartoffelpresse direkt auf die Meringue-Schalen geben. Die Sahne darüber dressieren, mit Maraschino-Kirschen verzieren. Kalt stellen.

8. SEPTEMBER MARIÄ GEBURT

Neun Monate nach Mariä Empfängnis (8. Dezember) wird Maria gefeiert als die »Morgenröte des Heils und das Zeichen der Hoffnung für die ganze Welt«. Heute wird in den Alpenländern noch vielerorts das Milchvieh zusammengetrieben und bunt geschmückt ins Tal geführt. Eine Bauernregel besagt: »Mariä Geburt jagt alle Schwalben furt«, denn um den 8. September brechen die Schwalben (Marienvögel) ins Winterquartier nach Afrika auf.

17. SEPTEMBER HILDEGARD VON BINGEN

Heute ist der Todestag der Hildegard (1098-1179), die als gelehrte Nonne im Kloster Rupertsberg bei Bingen lebte (siehe auch Seite 109). Später zog sie in das damals leer stehende Kloster Eibingen bei Rüdesheim. Durch ihre Schriften, Briefe, Predigten und Prophezeiungen wurde sie bald eine bekannte Persönlichkeit. Sie verfasste die beiden heilkundlichen Schriften »Physica« (Naturkunde) und »Causae et curae« (Heilkunde) sowie die theologischen Werke »Liber vitae meritorum« (Buch der Lebensvergeltung) und »Liber divinorum operum«

PIKANTER DINKELAUFLAUF

ZUTATEN

1 l Fleisch- oder Gemüsebrühe
250 g Dinkelschrot
50 g Dinkel-Körner
1 kg Gemüse der Saison
(Auberginen, Zucchini,
Paprika, Sellerie, Karotten)
nach Belieben 150 g Dörrfleisch
1 Zwiebel
etwas Petersilie
ein wenig Basilikum
etwas Kerbel
Pfeffer
Salz

Dinkelkörner gut waschen, etwa 10 Stunden oder über Nacht einweichen. Nach dem Quellen kurz aufkochen und ein paar Stunden quellen lassen. Die Fleischbrühe zum Kochen bringen und den Dinkelschrot hineinstreuen, gut aufkochen bis es ein fester Teig ist. Nach Geschmack Dörrfleisch in Würfel schneiden und ausbraten, Zwiebel klein schneiden und mitrösten. Jetzt Dinkelkörner mit Röstzwiebeln und Dörrfleisch unter die Teigmasse mengen und mit den Gewürzen abschmecken. Das zerkleinerte Gemüse dünsten und würzen. Nun schichtweise Teig und Gemüse in eine Auflaufform geben, so dass obenauf eine Teigschicht liegt und im vorgeheizten Ofen bei 180 °C etwa 35 Minuten backen. Deftig wird es mit Fleischresten oder Mettwurstscheiben, die unter die Teigmasse gemengt werden, oder aber mit einer Hand voll Schafskäsewürfel. Besonders fein wird der Auflauf, wenn der Dinkelschrot vorher geröstet wird. Dazu schmeckt ein frischer Salat.

(Buch der Gotteswerke). Neben Bernhard von Clairvaux wird sie zur richtungsweisenden Autorität des Abendlandes. Ihre Korrespondenz von 300 Briefen gibt davon Zeugnis.

DINKEL UND GRÜNKERN

Im Ernährungsplan der Hildegard von Bingen spielt der Dinkel eine große Rolle. Er wurde bereits von den Kelten und Ägyptern angebaut. Traditionelles Anbaugebiet bei uns ist Schwaben, worauf auch heute noch Ortsnamen wie z.B. Dinkelsbühl oder Dinkelacker verweisen.

Dinkel hat die gleichen guten Backeigenschaften wie Weizen und ein nussartiges Aroma. Das von Zuchtmaßnahmen verschonte Urkorn wird vom Organismus besonders gut vertragen. Die ausgeglichene Nährstoffzusammensetzung des Dinkels macht ihn als Grundnahrungsmittel für empfindliche Menschen geeignet. Grünkern ist unreif geernteter Dinkel, der über Buchenfeuer getrocknet wurde. Dadurch erhält er sein typisches Buchenholzrauch-Aroma.

Links ein Dinkelrezept aus der Benediktiner Abtei St. Hildegard von Schwester Maria-Agnes Dollwet.

20. SEPTEMBER EUSTACHIUS

DER HEILIGE EUSTACHIUS IST EINER DER 14 NOTHELFER. Unter dem Namen Placidus diente er unter Trajan (98-117) als Befehlshaber einer römischen Legion in Kleinasien. Nach seinem Sieg über die Perser soll ihm auf der Jagd ein Hirsch mit einem leuchtenden Kreuz zwischen dem Geweih erschienen sein. Daraufhin trat er mitsamt seiner Familie zum Christentum über und erhielt bei der Taufe den Namen Eustachius. Er weigerte sich während der Christenverfolgungen durch Kaiser Hadrian (117-138), heidnischen Göttern zu opfern. Nachdem man ihn in Rom im Amphitheater vergebens den Löwen vorgeworfen hatte, wurde er bei lebendigem Leibe verbrannt.

Später ging die Legende mit dem Hirsch auf den Heiligen Hubert von Lüttich über (Gedenktag am 3. November). Kostbare Reliquien bergen die beiden Kirchen S. Eustachio in Rom und St. Eustache in Paris.

23. SEPTEMBER HERBSTANFANG

AM 23. SEPTEMBER IST DER SOMMER ENDGÜLTIG VORBEI, Tag und Nacht sind wieder gleich lang. Der Altweibersommer ist die zuverlässigste, aber auch letzte schöne warme Hochdruckwetterphase des ganzen Jahres. Sein Name wird auf die in der Morgensonne glitzernden Spinnweben zurückgeführt, die an das Silberhaar alter Frauen erinnern.

29. SEPTEMBER MICHAELSTAG

MIT RAPHAEL, GABRIEL UND URIEL ist Michael einer der vier Erzengel. Er war nach der Überlieferung der Engel mit dem Schwert, der Adam und Eva aus dem Paradies trieb und den Lebensbaum bewachte. Seine Posaune erweckt beim Jüngsten Gericht die Toten aus den Gräbern, er tötet im endzeitlichen Kampf den Drachen zu seinen Füßen. Wegen seiner Wehrhaftigkeit wählte man Michael gern zum Patron von Burgkapellen, die bekannteste ist die nach 709 unter Bischof Autbert nach ihm benannte Kirche Mont Saint Michel in der Normandie. Michael wurde zum Patron der Deutschen und damit zum Vorbild des »deutschen Michel«, der erst durch die Französische Revolution zur Spottgestalt wurde. Als Wetter- und Lostag zum Ende des Vierteljahres war Michaelis den Bauern wichtig, vielerorts Anlass für Feste, am bekanntesten ist wohl der Dürkheimer Michaelismarkt, auch Wurstmarkt genannt.

Vielfach ruhte früher an diesem Tag, dem »Lichtblauen Montag«, die Arbeit. Die Handwerker arbeiteten bis Mariä Lichtmess (2. Februar) wieder bei Kunstlicht, auch die Spinnstuben waren jetzt wieder geöffnet. Der Sommer geht zuende, daher auch der Name »Sommersilvester«. Von nun an durften bis zum 15. April alle Wiesen von den Hirten abgehütet werden.

Die Erntezeit ist anstrengend, alle müssen kräftig Hand anlegen, tagsüber hat man kaum Zeit zum Essen. Da gibt es traditionelle Rezepte, die sich quasi von allein machen, wie zum Beispiel der »Baeckeoffe«, ein für das Elsass und auch das benachbarte Baden typischer Eintopf. Er hat seinen Namen vom Bäckerofen, in den man an Waschtagen oder bei der Weinlese einen wohlgefüllten irdenen Topf brachte. Er konnte von morgens bis zum Abend in der sanften Hitze gar ziehen, die sich nach dem Brotbacken im Ofen hielt. Baeckeoffe ist kein starres Rezept: In jedem Haushalt wird er anders zubereitet, jede Hausfrau kennt ihre aus der Familientradition gewachsenen Tricks.

BAECKEOFFE

ZUTATEN FÜR 5 PERSONEN

600 g Lammschulter
400 g Schweineschulter
2 halbe Schweinsfüße
1 kg Kartoffeln
150 g Lauch
4 Zwiebeln
3 Knoblauchzehen
Salz
Thymian
weißer Pfeffer aus der Mühle
1/2 l trockner Weißwein
Fleischbrühe

Das Fleisch in Stücke schneiden und kräftig mit Salz, Pfeffer und Thymian würzen. Knoblauch klein schneiden und zu dem Fleisch geben. Das Fleisch mit dem Weißwein übergießen und über Nacht im Kühlschrank marinieren. Ideal für die Zubereitung ist ein Römertopf. Den Lauch in feine Streifen schneiden, die Zwiebeln klein hacken und die geschälten Kartoffeln in dünne Scheiben schneiden. Nun den Römertopf mit einer Schicht Kartoffeln auslegen, dann Lauchstreifen, Zwiebeln und das Fleisch aufschichten. Darauf wieder Lauchstreifen und Zwiebeln und zum Schluss mit Kartoffelscheiben abdecken. Die Marinade zugießen und so lange Brühe dazugießen, bis alles bedeckt ist. Zur Beschwerung die Schweinsfüße oben auflegen. Die Garzeit dauert etwa 2 1/2 Stunden bei 200 °C. Der Baeckeoffe wird in der Form serviert, der Deckel erst am Tisch abgehoben. Dazu passt ein guter, kräftiger Salat, zum Beispiel Feldsalat oder krause Endivie, jeweils mit Zwiebeln angemacht, und ein kräftiger Weißwein aus dem Elsass oder aus Baden. Die Garzeit kann unbedenklich verlängert werden. Wenn es zur Gästebewirtung praktisch erscheint, kann man auch bei 220 °C anheizen und dann die Temperatur auf 170 °C zurückstellen und den Topf ohne Verlust 5 Stunden im Ofen lassen, das entspricht in etwa der Zubereitungsart im Bäckerofen. Dort allerdings herrscht eine ganz andere Wärme, die in erster Linie nicht von aufgeheizter Luft (wie im Haushaltsherd) ausgeht, sondern mild von den Steinen ausgestrahlt wird.

ERNTEDANKFEST

ZUM HERBSTLICHEN BRAUCHTUM ZÄHLEN IN ERSTER LINIE die zahllosen Erntefeste. Ihre Wurzeln reichen bis in die Urgeschichte der Menschheit. Mit Beginn des Ackerbaus – in unseren Breiten um 5000 v. Chr. – wurde den Gottheiten für die Früchte des Feldes der Dank in Form von Opfergaben dargebracht.

Im alten Testament wird von Kain und Abel erzählt, dass »Kain dem Herrn Opfer brachte von den Früchten des Feldes«. Die Juden feierten zwei Erntefeste im Lauf des Jahres: Das Pfingstfest war Getreide-Erntefest und das Laubhüttenfest im Herbst das Wein- und Gesamt-Erntedankfest.

Das Christentum übernahm diesen Brauch. So ist in den Einsetzungsworten des Abendmahls ausdrücklich davon die Rede, dass Jesus das Dankgebet über Brot und Wein spricht. Jedes Tischgebet, das wir heute beten, hängt im Grunde mit dem ursprünglichen Erntedank zusammen.

In der bäuerlich geprägten Gesellschaft entwickelte sich der Brauch, Ernteschlussfeste zu begehen. Die Menschen waren froh über einen guten Ertrag, der ihnen das Überdauern des Winters sicherte. Der letzte Erntewagen wurde besonders geschmückt und in einer Prozession ins Dorf gefahren. Auf der Tenne hingen der Erntekranz oder die Erntekrone; mit Ernteliedern, einer gemeinsamen Mahlzeit und anschließendem fröhlichen Tanz feierte das ganze Dorf ein Fest. Einen kirchlichen Anstrich erhielten Ernteschlussfeste erst gegen Ende des 18. Jahrhunderts. Vielleicht als Widerstand gegen das ursprünglich heidnische Brauchtum wurde besonders in den evangelisch geprägten Gegenden die Bevölkerung in die Gottesdienste eingeladen. Am Sonntag nach Michaelis brachten die Gläubigen Früchte des Feldes mit und schmückten damit den Altar. Nach dem Gottesdienst wurden die Gaben an die Bedürftigen der Gemeinde verteilt.

»Zwar lesen wir, der Wein sei überhaupt nichts für Mönche; da man aber die Mönche unserer Zeit davon nicht überzeugen kann, sollten wir uns wenigstens dazu verstehen, nicht bis zur Sättigung zu trinken, sondern weniger.«
BENEDIKTUSREGEL

WEIN

DIE WEINREBE IST NEBEN GETREIDE, OLIVEN UND FEIGEN eine der ältesten Kulturpflanzen der Menschheit. Die ältesten Zeugnisse der Gärkunst stammen aus dem heutigen Syrien, wo Archäologen eine Traubenpresse fanden, die auf 8000 v. Chr. datiert, und aus dem heutigen Georgien, wo man irdene Weingefäße gefunden hat, in denen bereits 6000 Jahre v. Chr. Wein konserviert wurde. Aber bereits 12.000 Jahre sind Traubenkerne alt, die in der Türkei und in Persien gefunden wurden. Im alten Ägypten wurde den Verstorbenen als Grabbeigabe Wein mitgegeben, damit sie auf der langen Reise in die Totenwelt keinen Durst leiden mussten.

In den antiken Gesellschaften war der Wein untrennbar mit der Mythologie verbunden. Die Götter höchstselbst schienen für sie bei der Herstellung des Weines ihre Hand im Spiel zu haben. Dionysos war der Gott des Weines und der Ekstase. Wein erfreute sich allergrößter Beliebtheit, auch im antiken Rom. Im fernen Germanien wollten die römischen Legionäre auf ihren Wein nicht verzichten und brachten so die Weinrebe nach Nord- und Mitteleuropa.

Im Mittelalter waren Klöster große und vielseitige Unternehmen. Schon vor der ersten Jahrtausendwende besaß zum Beispiel das Kloster Fulda Ländereien, Weinberge und Gutshöfe von den Alpen bis zur friesischen Küste. Und dank ihrer Internationalität und ihrer Maxime, die Güter Gottes zu mehren, waren es Mönche, die im 16. Jahrhundert Kartoffeln, Bohnen und den Truthahn nach Europa brachten, den ersten Apfelbaum in England pflanzten und in Schottland vermutlich auch den ersten Whisky destillierten. Mönche aber waren über Jahrhunderte hinweg auch die unumstrittenen Meister des Weinbaus. Ohne die Benediktiner von Grottaferrata etwa gäbe es keinen Frascati, ohne die Cluniazenser keinen Burgunder.

Gůtes mostes hab ich vil.
Wem ich den geren geben will.
In disem monat solt du nit gan.
Vnd solt zů der leber adern lan.

Im Mittelalter erweiterten die Klöster die Rebflächen auf eine nachher nie mehr erreichte Größe von 300.000 Hektar, dreimal mehr als heute. Der Wein war, ebenso wie das Bier, ein Volksgetränk. Er wurde als Medizin verabreicht – daher die vielen Spitäler als Weinbergsbesitzer, wie das Würzburger Juliusspital und Bürgerspital – diente aber auch dazu, das schlechte Trinkwasser durch den Alkohol von Keimen zu befreien. Die berauschende Wirkung wurde dankbar hingenommen.

Als der Dreißigjährige Krieg ganze Landstriche entvölkert hatte, endete auch der Weinboom des Mittelalters. Die Weinberge der Stadt Frankfurt zum Beispiel waren völlig zerstört, die Trauben wurden in der Folge durch Äpfel ersetzt und begründeten die noch heute blühende Apfelweinkultur der Stadt.

Viele Klöster, die es in den früheren Jahrhunderten im Rheingau gab, lebten vom Weinbau. Auf ihrem Arbeiten und Forschen fußt bis heute das Ansehen und die hohe Weinkultur des Rheingaus. Heute ist die Abtei St. Hildegard das einzige Frauenkloster im Rheingau, das Weinbau betreibt.

»Schade, dass man einen Wein nicht streicheln kann.«
KURT TUCHOLSKY

KOCHEN MIT WEIN

Wer seine Mahlzeit mit Wein verfeinern will, sollte in keinem Fall auf den so oft empfohlenen »Kochwein« zurückgreifen. Weine, die nach Kork schmecken oder gemischte Weinreste erfüllen ihren Zweck nicht. Solche Kochwein-Irrtümer sind ein Gaumenquäler in vielen Küchen. Am allerbesten schmeckt der Wein in der Sauce, der auch zu Tisch gereicht wird.

Wein ist eben nicht nur ein vielseitiges Gewürz, Wein ist dank seiner besonderen Chemie auch Werkzeug. Das beweist ein besonders preiswertes, im Urzustand ziemlich zähes Stück vom Rind – die Wade. Ideal für ein Gelage in größerer Runde.

GESCHMORTE RINDSWADE

ZUTATEN FÜR 10 PERSONEN

1 Rindshaxe (mit Knochen) von etwa 4 kg

FÜR DIE MARINADE

2 Zwiebeln, in Scheiben
Knoblauch
Ingwer
Pfeffer
Nelken
Lorbeer
2 Karotten
1/2 Stange Lauch
3 Knoblauchzehen
100 g Sellerie
500 ml Chianti Classico
100 g Mehl zum Wenden
80 g Fett zum Anbraten
3 Zwiebeln, nicht geschält
2 Lorbeerblätter
2 Nelken
1 Stk. Ingwer, nussgroß
10 Wacholderbeeren
1 Thymianzweig
100 ml Balsamico
Salz
Pfeffer, frisch gemahlen
1 Stk. Speckschwarte
60 g Tomatenmark
3-4 l Rinderbrühe
Wasser zum Nachgießen
50 g Preiselbeerkompott
1 TL Meerrettich
2 EL scharfer Senf

Das Beinfleisch mit den Zwiebelscheiben, Knoblauch, Ingwer, Pfeffer, Nelken, Lorbeer und dem fein gewürfelten Gemüse in eine Schüssel legen, mit Chianti Classico übergießen, für eine Woche kühl stellen und täglich wenden. Beize und Zeit machen das Fleisch mürbe.

Die Rinderhaxe aus der Marinade nehmen, mit Küchenpapier abtrocknen, salzen, pfeffern und in Mehl wenden. In einem großen Bräter das Fett erhitzen und darin die Wade von allen Seiten leicht anbraten, dann heraus nehmen. Die Marinade absieben, Gemüse im Bratensatz kräftig anrösten. Ganze Zwiebeln, Gewürze und die Speckschwarte dazugeben und mit Tomatenmark durchrösten. Zweimal mit dem Wein der Marinade ablöschen und jeweils unter ständigem Rühren einkochen lassen. Die Rinderhaxe in den Bräter zurücklegen und mit so viel Brühe auffüllen, dass sie gut bedeckt ist. Den Bräter in den vorgeheizten Ofen schieben und die Wade bei ungefähr 150 °C etwa 4 bis 6 Stunden langsam schmoren lassen. Zwischendurch die Rinderwade mehrmals wenden und nach Bedarf Wasser nachgießen. Die fertig gegarte Wade aus dem Bräter nehmen und abgedeckt warm stellen. Sauce bei starker Hitze auf etwa 1 1/2 l einkochen. Anschließend mit Preiselbeeren, Meerrettich sowie Senf abschmecken und durch ein Sieb passieren. Die Rinderhaxe vom Knochen lösen, dabei die besonders dicken Sehnen wegschneiden. Das Fleisch in Scheiben schneiden und in der Sauce servieren. Als Beilage passen »Saucenschlucker« wie Knödel aller Art. Und dazu trinkt man natürlich den Chianti Classico, der schon in der Marinade vorzüglich gewirkt hat.

Das Gericht braucht ein wenig Engagement, den richtigen Bräter oder Topf – am besten aus Gusseisen – und Geduld. Aber die »Granaten-Sauce« wird noch lange Ihrer Zunge schmeicheln. Außerdem lässt sich das Gericht einen Tag vorher zubereiten – das Aufwärmen macht es eher noch besser!

OKTOBER

9 Dionysius
16 Gallus
18 Apostel Lukas
19 Kirchweih
21 Ursula
28 Apostel Simon und Judas
31 Reformationstag

Im Oktober beginnt die Zeit des Nebels, der besonders gegen Abend schnell aufziehen kann. Gerieten früher die Hirten mit ihrer Herde in solch einen Nebel, bekamen sie oft panische Angst, denn sie glaubten, der Nebel könne ihre Tiere verschlucken. Sahen die Hirten Nebel auf die Herde zukommen, entzündeten sie Feuer und wirbelten den aussteigenden Qualm mit heftigen Armbewegungen dem Nebel beschwörend entgegen, in der Hoffnung, den »weißen Schrecken« damit zu vertreiben. Nach dem antiken römischen Kalender war der Oktober der achte (lateinisch: *octo*) Monat im Jahr, welches mit dem März begann. Er hieß althochdeutsch *Windumemanoth* (lateinisch: *vindemia* = Weinlese) oder *Gilbhart*, also der Monat des vergilbten Laubes.

16. OKTOBER GALLUSTAG

FRÜHER WURDE UM DEN ST. GALLUSTAG herum geschlachtet. Kühltruhen gibt es ja noch nicht lange und nur während der kalten Jahreszeit konnten Fleisch und Wurst nicht so schnell verderben. Schlachtfeste waren in jeder Familie ein großes Ereignis. In vielen Teilen des Alpenraums beginnt jetzt auch mit dem ersten Schneefall der Winter.

Gallus kam als Mönch aus Irland und starb am 16. Oktober um 640 in Arbon (Schweiz). Aus der Mönchszelle des Gallus entstand das Benediktinerkloster, später entwickelte sich die Stadt St. Gallen. Nach Gallus nennen sich die Stadt und der Kanton St. Gallen.

19. OKTOBER KIRCHWEIH

KIRCHWEIH WAR URSPRÜNGLICH ein rein kirchliches Fest, das bis heute in vielen katholischen Kirchengemeinden mit Gottesdiensten begangen wird. Vom 9. Jahrhundert an wurde es dann auch zu einem weltlichen Fest mit Jahrmärkten, Schaustellern und Tanzveranstaltungen. Seit dem 19. Jahrhundert ist der Termin auf den dritten Oktober-

LEBERNOCKERL-SUPPE

ZUTATEN

1 Karotte
1 Stange Lauch
1 Stk. Sellerieknolle
1 Zwiebel
1 kg Rindfleisch zum Kochen (z.B. Ochsenbrust)
2 Markknochen
500 g Rinderknochen
1 Zwiebel
2 Pfefferkörner
1/2 Bd. glatte Petersilie
2 Stängel Liebstöckel
80 g Schweineleber
30 g Räucherspeck
2 EL Petersilie
1 TL Majoran
40 g Semmelbrösel
1 kleines Ei
Salz
Pfeffer
Muskat

Karotte, Lauch und Sellerie putzen und grob zerteilen. Zwiebel halbieren und auf der Schnittfläche in einer heißen Pfanne oder auf der Herdplatte bräunen. In einem großen Suppentopf Rindfleisch, Mark- und Rinderknochen, geröstete Zwiebel und 3 1/2 Liter kaltes Wasser geben. Pfefferkörner zufügen. Das Ganze einmal aufkochen und bei kleiner Hitze 2 bis 3 Stunden sieden lassen. Aufsteigenden grauen Schaum zwischendurch mit einer Schaumkelle abschöpfen. Vorbereitetes Gemüse, Petersilie und Liebstöckel hinzufügen. Weitere 30 Minuten bei kleiner Hitze kochen. Mit Salz, Pfeffer und Muskat abschmecken. Das Rindfleisch herausnehmen und anderweitig verwerten, vielleicht für eine handfeste Tellersulz. Die Brühe durch ein Sieb gießen. Die Leber durch den Fleischwolf drehen. Speck fein würfeln und ausbraten. Gehackte Zwiebeln darin gelb werden lassen, dann gehackte Petersilie und Majoran untermischen, kalt stellen. Mit Leber, Semmelbröseln, Ei, Salz, Pfeffer und Muskat vermischen. Von dieser Masse mit zwei Teelöffeln Nockerl formen. 1/2 l der Fleischbrühe zum Kochen bringen, Lebernockerl zugeben. Hitze reduzieren und die Nockerl etwa 10 Minuten ziehen lassen (nicht kochen, sonst werden sie hart).

sonntag festgelegt. Kirchweih war ein Fest des ganzen Dorfes, an dem die Angestellten und Dienstboten frei hatten.

Alle Jahrmärkte heutiger Zeit entwickelten sich aus diesem Brauch, der bekannteste ist wohl das Münchner Oktoberfest. Seit dem 12. Oktober 1810, dem Vermählungstag König Ludwig I. von Bayern und der Prinzessin Therese von Sachsen-Hildburghausen, findet es alljährlich auf der Theresienwiese statt, allerdings bereits Ende September. Der Auftakt für ein Kirchtagsessen wäre in Bayern aller Wahrscheinlichkeit nach eine Leberknödel-Suppe, wir entscheiden uns für die elegantere Variante (siehe Seite 122).

In Bayern gehört natürlich ein Kirchweihganserl dazu, das im Oktober noch nicht gar so fett ist. Manche Gastronomen lassen ihre Martins- und Weihnachtsgänse jetzt schlachten, um sie bis zu den Festtagen einzufrieren. Wir verweisen hier auf das raffinierte Rezept für die Martinsgans im November (siehe Seite 138) und bescheiden uns mit dem rheinischen Klassiker »Himmel un Äd«. Zum Niederknien gut ist dies Gericht an kalten Tagen. Kartoffeln und Äpfeln verdankt diese Spezialität ihren Namen: Die Kartoffeln aus der Erde und die Äpfel des Himmels vermählen sich zum kulinarischen Paradies. Die süßsaure Kombination mit Fleisch und Kartoffeln ist typisch für das Rheinland.

HIMMEL UN ÄD

Zutaten

1-2 Ringe Blutwurst (je nach Geschmack und Größe)
1 kg Kartoffeln
1 kg Boskop Äpfel
2 Pr. Zucker
Salz
100 g durchwachsener Speck
2 Zwiebeln
20 g Butter
etwas Mehl

Die Blutwurst sollte unbedingt aus dem Rheinland sein, nur die lässt sich gut braten, weil sie Mehl oder Grütze enthält. Eine französische Boudin noir schmeckt auch sehr fein, und in Norddeutschland kann man die Grützwurst verwenden.

Kartoffeln und Äpfel schälen und grob würfeln. Die Kartoffeln mit mäßig viel Wasser aufsetzen und halb garen. Dann die Apfelstücke zugeben, mit jeweils einer Prise Zucker und Salz würzen. Alles gar kochen. Eventuell noch Wasser zugeben, so dass das Gericht musartig wird. Währenddessen den Speck auslassen, Zwiebeln zugeben und leicht bräunen. Warm stellen. Die Blutwurst in nicht zu feine Stücke schneiden, in Mehl wenden und in der Butter von beiden Seiten braten.

»Himmel un Äd« kommt traditionell so auf den Teller: Zuerst das heiße Mus auf dem Teller anrichten, Blutwurst darauf legen und über die Blutwurst die Speck-Zwiebeln geben. Man kann natürlich auch Kartoffeln und Apfelmus getrennt servieren. Die Frage, ob Kartoffeln extra oder durcheinander mit den Äpfeln aufgetischt werden, ist im Rheinland äußerst strittig.

Aus Quitten, die bei uns fast schon in Vergessenheit geraten sind, lassen sich vorzügliche Nachtische bereiten. Die Mönche in der griechischen Klosterrepublik Athos mögen die Quitten so:

QUITTEN

ZUTATEN

Pro Person 1/2 Quitte
Saft einer Zitrone
2 EL Olivenöl
Salz
Pfeffer
100 g Walnüsse, gehackt
1 TL Ingwer, gehackt
2 EL Honig
2 EL Butter

Quitten längs halbieren und entkernen. Die Quittenhälften mit Zitronensaft abreiben und bei 200 °C in den Ofen geben. Nach 30 Minuten das Fruchtmark ausschaben, mit 2 EL Olivenöl, dem restlichen Zitronensaft, Salz und Pfeffer mischen und wieder in die Schale füllen.

Walnüsse und Ingwer anrösten, mit Honig mischen und darauf geben, mit Butterflöckchen besetzen und gut 10 Minuten unter dem heißen Grill überbräunen.

21. OKTOBER URSULA

DIE HEILIGE URSULA war nach der Legende die christliche Tochter eines britischen Königs. Als ein heidnischer Prinz um sie warb, erhörte sie ihn unter der Bedingung, dass er selbst Christ werde. Darüber hinaus wollte sie sich mit 11.000 Jungfrauen auf eine dreijährige Pilgerreise nach Rom begeben. Zu Schiff ging es rheinaufwärts nach Basel und von dort auf dem Landweg weiter nach Rom. Die Rückreise ging wieder zu Schiff rheinabwärts bis nach Köln, das gerade von Hunnenkönig Guan belagert wurde. Der König wollte Ursula zur Frau, diese jedoch weigerte sich und wurde mit ihren 11.000 Begleiterinnen niedergemacht. 11.000 Engel sollen daraufhin die Hunnen in die Flucht geschlagen haben. Die Kölner bestatteten die Jungfrauen feierlich und errichteten ihnen eine Märtyrerkirche. Soweit die Legende. In der Kirche St. Ursula erinnern heute ein Sarkophag und ein Schrein an die Heilige.

In Bayern sagt man: »Ursula räumt's Kraut herein, sonst schneit's am End noch drein.« Jetzt ist es Zeit, den Weißkohl vom Feld zu holen, der zumeist zu würzigem Sauerkraut verarbeitet wird.

Die Benediktinerabtei Einsiedeln ist das größte Kloster der Schweiz. Es verfügt über rund 2.400 Hektar Land und Güter wie die Schlösser Freudenfels und Sonnenberg im Thurgau, die Insel Ufenau im Zürichsee sowie Weinberg. Zum Eigentum der Einsiedler zählen zudem das Kloster Fahr sowie die in Vorarlberg gelegene Probstei St. Gerold. Auf dem Speiseplan der Klosterküche steht im Oktober ein kräftiger Eintopf mit Weißkohl:

HAFEN CHABIS

Zutaten

500 g Schweineschulter
250 g Lammschulter
400 g grüner Speck
1 1/2 kg Weißkohl
500 g Zwiebeln
3 Knoblauchzehen
1/4 l kräftige Fleischbrühe
Sonnenblumenöl
Salz
Pfeffer

Fleisch und Speck in nicht zu feine Würfel schneiden. Kohlkopf halbieren, Strunk herausschneiden. Kohl grob zerteilen, Zwiebel in Scheiben schneiden. Speck im heißen Öl anbraten, herausnehmen und beiseite stellen. Im heißen Fett die Schweine- und Lammwürfel kräftig anbraten. Weißkraut zusammen mit den Zwiebeln nach und nach in Butterschmalz auf mittlerer Hitze goldgelb anbraten und mit dem angebratenen Speck zu den Fleischwürfeln geben. Fleischbrühe angießen und klein geschnittenen Knoblauch darüber streuen. Mit Salz und Pfeffer würzen und zugedeckt etwa eine Stunde köcheln lassen. Notfalls Brühe nachgießen, damit das Gericht nicht anbrennt. In tiefen Tellern mit wenig Flüssigkeit servieren. Dazu schmecken Petersilienkartoffeln.

31. OKTOBER REFORMATIONSTAG

Das Reformationsfest zum Gedächtnis der religiösen Reformation durch Luthers Thesen von 1517, und die damit verbundene Bildung einer neuen Kirchengemeinschaft, ist seit 1667 auf den 31. Oktober (Thesenveröffentlichung Luthers) in den evangelischen Kirchen festgesetzt, kann aber auch am darauffolgenden Sonntag gefeiert werden.

In der Nacht vor Allerheiligen ist Halloween. Neben Thanksgiving (Erntedank) ist es das wichtigste Brauchtumsfest im anglo-amerikanischen Kulturkreis und erfreut sich auch bei uns zunehmender Beliebtheit. Ursprünglich war es ein keltisch-angelsächsisches Fest (*Samhain*) zur Feier des Winteranfangs. Ein Fest der Mächte der Dunkelheit und der Druiden, der keltischen Priesterkaste. Zur Besänftigung dunkler

Mächte entzündete man große Feuer, um Geister und die Toten zu wärmen. Das Wort Halloween kommt eigentlich von All-Hallow-Even, was so viel bedeutet wie Allerheiligenabend.

In England und den USA höhlt man Kürbisköpfe aus, schnitzt Gesichter heraus und stellt eine brennende Kerze hinein. In Amerika gehen die Kinder als Gespenster verkleidet von Haus zu Haus.

KÜRBIS

Kolumbus brachte den aus Mexiko stammenden Gartenkürbis nach Europa. Doch schon im Mittelalter baute man in den Klöstern Europas den verwandten Flaschenkürbis an. Seine zerriebenen Samen sollten Fieber senken. Heute nutzt die Arzneikunde den Gartenkürbis, vor allem die Samen und das daraus gepresste Öl des »Steirischen Ölkürbis«: Den Samen zerkauen und mit reichlich Flüssigkeit schlucken oder das wohlschmeckende Öl pur einnehmen. Das hilft bei Blasenreizung und gutartiger Prostatavergrößerung. Die Dosierung sollte man aber in jedem Fall mit dem Arzt oder Apotheker besprechen.

Der Kürbis tarnt sich hinter einer harten Schale. Die wattigen Fasern kann man mit einem Löffel leicht herausschaben – sie sind ungenießbar. Die Kerne aber schmecken delikat, wenn man sie in einer trockenen Pfanne röstet. Den ausgehöhlten Kürbis kann man als Terrine verwenden und darin die Suppe auftragen. Besonders geeignet ist der festfleischige Muskatkürbis, gut passt auch der dünnschalige Hokkaidokürbis. Im Benediktinerkloster Seckau in der Obersteiermark können Genießer eine wunderbare Suppe probieren (siehe Seite 130).

DIE HEUTIGE BENEDIKTINERABTEI SECKAU wurde 1140 als Chorherrenstift von Adalram von Waldegg gegründet. 1164 wurde die Kirche vom Seligen Hartmann, Bischof von Brixen, geweiht. 1218 errichtete Erzbischof Eberhard II. von Salzburg in Seckau einen Bischofssitz. Stiftspropst und Chorherren bildeten das Domkapitel. Das blieb so, bis Kaiser Joseph II. das Stift auflöste und den Bischofssitz nach Graz verlegte.

STEIRISCHE KÜRBISSUPPE

ZUTATEN

800 g Kürbisfleisch
(ohne Schale und
Kerne gewogen)
1 Zwiebel
2 Knoblauchzehen
2 EL Butter
1/2 l Rinderfond (Glas)
1/2 TL Kümmel
1/2 TL getrockneter Majoran
Salz
Pfeffer
200 g Sauerrahm
1 Bd. Frühlingszwiebeln
Kürbiskernöl

Kürbisfleisch würfeln, mit klein geschnittener Zwiebel und durchgepresstem Knoblauch in der heißen Butter andünsten. Mit Brühe auffüllen, Kümmel, Majoran, Salz und Pfeffer zufügen. Zugedeckt 1/2 Stunde weich köcheln. Rahm angießen und aufkochen. Schließlich alles mit dem Mixstab pürieren, weitere 2 Minuten leise köcheln und noch einmal abschmecken. Vor dem Servieren noch einmal aufmixen, damit die Suppe schön luftig wird. Feine Ringe von Frühlingszwiebelgrün auf die Oberfläche streuen, mit Kürbiskernöl in dekorativen Schlieren beträufeln.

101 Jahre blieb die Gründung verwaist, die Gebäude verfielen. 1883 erwarben und besiedelten Beuroner Mönche die alte Gründung. Eine neuerliche Aufhebung erfolgte am 8. April 1940 durch die NS-Machthaber. 1945 kehrten Mönche zurück und eröffneten im selben Jahr das Gymnasium wieder, das sie seit 1926 führen. Seit dem Mittelalter ist Seckau ein viel besuchter Wallfahrtsort. Zur religiösen Einkehr können männliche Gäste im Kloster wohnen, im klostereigenen Gasthof »Hofwirt«.

GEISTIGE GETRÄNKE

»ES IST EIN BRAUCH VON ALTERS HER: Wer Sorgen hat, hat auch Likör«, sagt Wilhelm Busch, besser aber sollte es heißen: Wer Kräuter hat, hat auch Likör. Denn schon immer haben die Mönche die Heilkräfte der Kräuter gekannt und für wohltuende Tränklein verwendet. Im Mittelalter komponierte zum Beispiel der Bruder Apotheker aus dem Kloster Ettal Rezepturen, die die Grundlage für die »Ettaler Klosterliqueure« aus 40 Kräutern sind.

Wirkstoffe und Aromen aus Kräutern, Wurzeln und Früchten wurden im Alkohol konzentriert. Die bittere Medizin wurde durch Zucker oder Honig versüßt. Diese Gesundheitstränke erfreuten sich schnell großer Beliebtheit als Lebenselixier für Körper und Geist. Auch ohne ein Wehwehchen ließ man sie sich gerne schmecken, vor allem nach einem üppigen Essen.

Zu den berühmtesten und ältesten Klosterlikören Frankreichs zählt der Chartreuse oder DOM, die Abkürzung des lateinischen Spruchs *deo optimo maximo* (Für Gott, den Allmächtigen), aus angeblich 130 Kräutern und Wurzeln. Im Chartreuse ist auch die Kalmuswurzel enthalten, von der man glaubte, dass sie Wassersucht heilt. Daneben zählt Ingwer zu den beliebtesten Likörwurzeln. Ingwer spielt in der Volksheilkunde eine wichtige Rolle wegen seiner antibiotischen Wirkung. Daneben sorgen Zimt, Anis, Kümmel und Kräuter wie Melisse und Pfefferminze auch heute noch für Genuss und Wohlbefinden.

ABTEI MICHAELSBERG
IN SIEGBURG

MAGENBITTER

ZUTATEN

25 g bittere Orangenschale
2 g Anis
6 g Sternanis
3 g Alantwurzel
3 g Enzianwurzel
250 g Zucker
2 g Tausendgüldenkraut
1 l Branntwein.

Die Gewürze mit dem Branntwein 2-3 Wochen stehen lassen, gut mit Zucker vermischen, filtrieren und in kleine, handliche Flaschen abfüllen.

SEIT DEM JAHR 1064 LEBEN BENEDIKTINERMÖNCHE auf dem Michaelsberg. In ihrer jahrhundertealten Geschichte hat die altehrwürdige Abtei über der Sieg viel erlebt: Blüte und Niedergang, Aufbau und Zerstörung, die Vertreibung der Mönche ebenso wie ihre Rückkehr.

Der baumbestandene Michaelsberg liegt im Zentrum von Siegburg. 40 Meter Höhenunterschied trennen Stadt und Abtei – neun Jahrhunderte gemeinsamer Geschichte verbinden sie. Klöster sind heute für viele Menschen Orte, an denen sie aufatmen und zur Besinnung kommen können. Das Geheimnis der Mönche hat seine Faszination nicht verloren: »Würzig und süßlich duftet die Luft im Keller unter der Abtei«, schrieb Jost Neßhöver im Jubiläumsjahr 2002 im Bonner Generalanzeiger. »Nüchtern und sachlich ist der große Raum. Auffällig nur die drei großen edelstählernen Tanks am Kopfende. Dort lagert und reift der klare hellgelbe Likör, wie er so nur aus Siegburg kommt – und das seit 50 Jahren. Nach dem Zweiten Weltkrieg, die Benediktiner-Abtei auf dem Michaelsberg lag zum Teil noch in Trümmern, nahmen die Mönche die uralte Tradition der Likörherstellung wieder auf.«

Der Siegburger »Abteiliqueur« verdankt seine wohltuende Wirkung, die magenfreundliche Bekömmlichkeit und seinen Wohlgeschmack altüberliefertem Wissen. Er wird auf der Basis einer streng behüteten Rezeptur ohne Zusätze aus edelsten Kräutern im traditionellen Verfahren von den Mönchen der Siegburger Abtei selbst hergestellt. Längst bauen die Brüder die Zutaten nicht mehr selber an. Kräuter, Rohalkohol und Flüssigzucker kaufen sie ein. Klassisch ist die bocksbeutelartige Flasche aus grünem Glas, hübsch verziert mit rotem Siegel. Den »Abteiliqueur« gibt es in gut 100 Geschäften natürlich vor allem in der Region. Kosten kann man den Likör auch im klostereigenen Probierstübchen.

Zur Abtei gehören auch die »Abtei Stuben«, ein gemütliches und sehr ruhiges Hotel mit Restaurant, nur etwa 15 Gehminuten vom belebten Siegburger Marktplatz entfernt. In den Abteistuben kann der Gast Kuchen aus eigener Herstellung oder Eisspezialitäten genießen, in den Sommermonaten auch sonnengeschützt auf der Terrasse. Besonders zu empfehlen sind die »Abtei-Torte« und im Winter die handgefertigten Pralinen.

NOVEMBER

»Windmond« und »Nebelung« wurde der November früher in Anspielung auf die jetzt häufigen Winde und Nebel genannt. Im römischen Kalender war der November der neunte Monat (*novem* = neun). Da durch die Kalenderreformen die Monate verschoben wurden, entfiel schließlich der Namensbezug.

1 Allerheiligen
2 Allerseelen
3 Hubertus
6 Leonhard
11 Martin von Tours
15 Leopold
19 Elisabeth
21 Mariä Opferung
25 Katharina
30 Apostel Andreas

PAN DE MUERTOS

5 1/2 Tassen Mehl
1/2 Tasse Zucker
1 TL Salz
1 TL Anis, gemahlen
1 Päck. Trockenhefe oder ein Würfel Frischhefe
1/2 Tasse Milch
1/2 Tasse Wasser
1/2 Tasse Butter
4 Eier
Puderzucker

Aus 1 1/2 Tassen Mehl, Zucker, Salz und Anis einen Vorteig bereiten. Dazu die Zutaten vermischen und eine Mulde in die Mitte drücken. Hefe hineinbröckeln. Milch und Wasser kurz erhitzen und die Butter darin auflösen. Langsam die warme Flüssigkeit auf die Hefe gießen und vorsichtig mischen, dann kräftig mit dem Mehl verkneten. Diesen Vorteig 15 Minuten zugedeckt an einem warmen Ort gehen lassen. Eier aufschlagen und verquirlen. Zum aufgegangenen Vorteig geben. Abschließend so viel von dem restlichen Mehl hinzufügen und verkneten, dass man mit den Händen runde Brotlaibe formen kann. Einen Teil des Teiges zur Seite legen und daraus gekreuzte »Knochen« (wie auf einem Piratenwimpel) formen und auf die runden Brotlaibe drücken. Die Brotlaibe auf einem Blech zugedeckt noch einmal 15 bis 30 Minuten an einem warmen Ort gehen lassen. Anschließend bei 175 bis 180 °C auf mittlerer Schiene 40 Minuten backen. Wenn sie eine braune Farbe bekommen, mit Alufolie abdecken. Kurz bevor sie fertig sind, die Brotlaibe mit lauwarmem Wasser bepinseln. Nach 2 bis 3 Minuten aus dem Backofen nehmen und noch heiß mit Puderzucker bestreuen.

1. NOVEMBER ALLERHEILIGEN

Der November ist im alten römischen Kalender der neunte Monat. Die Kelten begannen das Jahr im November und feierten am Monatsanfang ein Totenfest, für das die katholische Kirche die Feste Allerheiligen und Allerseelen setzte. Seit dem 9. Jahrhundert feiert man Allerheiligen als Tag der Heiligen und Seelen. Im 16. Jahrhundert nannte man den trüb-melancholischen Monat drastisch »Kotmonat«, gerade recht für trauriges Gedenken an die Toten. Nach altem Glauben verlassen ab dem Mittag die Seelen der Toten das Fegefeuer und besuchen ihre alten Wohnungen bis zum Mittagsläuten (Angelusläuten) des nächsten Tages, weswegen man früher auch als Wegzehrung Brot und Wein auf die Gräber stellte.

2. NOVEMBER ALLERSEELEN

Der Allerseelentag soll an alle Verstorbenen erinnern. Wie zu Allerheiligen werden Messfeiern gehalten, man geht zum Friedhof, die Gräber werden geschmückt und die »Ewigen Lichter« angezündet. Einige ältere Menschen achten auch heute noch darauf, dass im Haus kein Messer mit der Schneide nach oben liegt, weil sonst die armen Seelen darauf reiten müssen. Keine Tür darf fest zugeschlagen werden, weil eine arme Seele eingeklemmt werden könnte. Die Zinken der Rechen sollten nicht nach oben gerichtet sein und eine leere Pfanne nicht auf dem Ofen stehen, denn eine arme Seele könnte sich womöglich daran verbrennen.

EL DÍA DE LOS MUERTOS (»TAG DER TOTEN«)

Während wir in Europa Allerheiligen und Allerseelen mit grauer Novemberstimmung, Besinnlichkeit und Trauer assoziieren, bedeuten diese Tage für die Mexikaner Ausgelassenheit und Freude. Für sie ist es eines der größten Feste des Jahres. Die Vorbereitungen zu dieser für unsere Augen ziemlich makaber wirkenden Feier finden bereits Mitte Oktober statt: Schaufenster werden mit Totenschädeln und Skeletten dekoriert, Straßenhändler bieten bunt bemalte Gerippe aus Papier, Plastik

WILDSCHWEINRAGOUT

Zutaten

1 kg Wildschweinschulter ohne Knochen
100 g Möhren
150 g Zwiebeln
60 g Knollensellerie
1 TL weiße Pfefferkörner
4 Wacholderbeeren, zerdrückt
2 cl Wacholderschnaps
1 l herber Apfelwein
Pflanzenöl
1 1/2 EL Mehl
1/4 l dunkler Wildfond
Salz
weißer Pfeffer, frisch gemahlen
2 TL Ingwer, frisch gerieben
5 Pimentkörner, zerstoßen

Das Fleisch in gleichmäßige Würfel von etwa 3 cm Kantenlänge schneiden. Gemüse putzen und ebenfalls würfeln. Fleisch und Gemüse in ein Gefäß geben, die restlichen Zutaten der Beize hinzufügen und 24 Stunden zugedeckt ziehen lassen. Absieben, Flüssigkeit auffangen. Fleisch trocken tupfen. Das Öl erhitzen und das Fleisch gleichmäßig darin anbraten. Abgetropftes Gemüse zugeben, kurz schmoren und mit dem Mehl bestäuben. Nacheinander 1/4 l Beizflüssigkeit und den Wildfond dazugießen und bei mittlerer Hitze sanft köcheln lassen. Nach 40 bis 50 Minuten den Topfinhalt erneut absieben, die Sauce auffangen und das Fleisch herausnehmen. Die passierte Sauce erhitzen, das Fleisch zugeben, mit Salz, Pfeffer, Ingwer und Piment kräftig abschmecken und servieren. Dazu passen Semmelknödel und Rotkohl.

und anderen Materialien an; aus den Auslagen grinsen Revolutionshelden, Politiker, Popgruppen oder Hochzeitspärchen, alle als Skelette dargestellt; in den Bäckereien gibt es *Pan de muertos* (Totenbrot), sowie *Calaveras* (Totenköpfe) aus Zuckerguss, Schokolade oder Marzipan.

Um den Toten den Weg zu ihrer Familie zu weisen, wird die Straße vom Friedhof nach Hause mit gelben Blütenblättern bestreut. In den Wohnungen werden kleine Altäre errichtet, die mit Kerzen, Blumen, Heiligenbildern und Kruzifixen sowie mit Zuckergusstotenschädeln und den Lieblingsspeisen der Verstorbenen geschmückt werden. Auch deren Laster werden berücksichtigt, denn nicht selten befindet sich eine Flasche Tequila oder ein Päckchen Zigaretten auf dem Altar.

Die Familien pilgern mit Kerzen, Blumen, Speisen und Getränken zu den geschmückten Gräbern. Die Stimmung ist fröhlich, es wird geplaudert und gelacht, gebetet und gesungen und ein regelrechtes Picknick abgehalten, bei dem auch so manche Flasche Tequila geleert wird.
Für Mexikaner ist der Tod kein Tabu, im Gegenteil, er ist »sein Lieblingsspielzeug und seine treueste Geliebte«, wie der mexikanische Schriftsteller und Nobelpreisträger Oktavio Paz schreibt. »Vielleicht quält ihn ebenso die Angst vor dem Tod wie die anderen, aber er versteckt sich nicht vor ihm noch verheimlicht er ihn, sondern sieht ihm mit Geduld, Verachtung oder Ironie frei ins Gesicht.«

3. NOVEMBER HUBERTUSTAG

Der heutige Hubertustag ist der grosse Festtag der Jäger und Förster. Johann Rottenhöfer, Leibkoch von Ludwig II., schwärmte 1858 in seinen »Anweisungen zur neueren Kochkunst«: »Das Fleisch des Wildschweins wird allgemein hoch geachtet und deshalb auch mit großem Aufwand zubereitet«. Wir empfehlen fürs Schüsseltreiben ein herzhaftes Ragout vom Wildschwein (siehe links).

6. NOVEMBER LEONHARDSTAG

Am Gedenktag des Leonhard werden vielerorts Tiersegnungen vorgenommen. Diese sind oft mit Prozessionen oder traditionellen Umritten zu Pferd verbunden. Am Leonhardstag werden noch heute in Bayern die Pferde gesegnet.

11. NOVEMBER ST. MARTIN

FÜR EVANGELISCHE CHRISTEN IST DIES EIN BEDEUTSAMER TAG, da er der Tauftag Martin Luthers ist.

Martin von Tours dagegen ist bereits um 316 in Sabarina (Pannonien/Ungarn) geboren. Mit 15 Jahren trat er in die römische Armee unter den Kaisern Constatinus und Julian ein. Beim Stadttor von Amiens trug sich die »Mantelszene« zu: Martin sah einen Bettler, der erbärmlich fror. Er nahm seinen Umhang, zückte das Schwert, teilte den Mantel und gab

GÄNSEBRATEN MIT EINER APFEL-NUSS-KRUSTE

ZUTATEN

1 Gans (etwa 4 kg)
4 Äpfel (Boskop)
3 Gemüsezwiebeln
4-6 Zweige Thymian
1 kleiner Rotkohl
200 ml Rotwein
100 ml Portwein
Salz
Pfeffer
6-8 Basilikumblätter
2 EL Balsamico-Essig
150 g Weißbrot
2 EL Cassis (Likör aus schwarzen Johannisbeeren)
50 g Haselnusskerne
80 g Butter
8 Blätter Brikteig (oder Loempia-Teig-Blätter aus dem Asia-Laden oder Yufka im türkischen Geschäft)
Fett zum Braten

Die Gans innen und außen pfeffern und salzen, dann kommt die Füllung hinein: Drei Äpfel und zwei Gemüsezwiebeln jeweils grob würfeln und die Hälfte der Thymianzweige dazugeben. Die Gans in einem Bräter mit einem 1/2 l Wasser für 3 Stunden in den 160 bis 170 °C heißen Ofen (Ober- und Unterhitze) geben. Zwischendurch mehrmals mit dem austretenden Bratensaft begießen. Unterdessen die letzte Gemüsezwiebel würfeln, in einem Topf mit etwas Öl anschwitzen und den fein geschnittenen Rotkohl hinzugeben. Kurz anziehen lassen, jetzt die Hälfte des Rotweins und des Portweins angießen. Mit Salz, Pfeffer und Basilikum würzen. 15 Minuten kochen. Mit Balsamico abschmecken und abkühlen lassen. Der Rotkohl wird besonders zart, wenn man ihn vorher fein gehobelt mit Salz und Essig mischt. Er sollte 1 bis 2 Stunden ziehen und ausgedrückt werden. Für die Kruste das Weißbrot entrinden und fein reiben. Restlichen Rotwein, Portwein und Cassis durch Kochen auf ein Viertel der Flüssigkeit reduzieren. Einen fein gewürfelten Apfel darin kurz mitköcheln lassen. Kalt stellen.

Unterdessen die Nüsse grob hacken. Die abgekühlte Rotwein-Apfel-Masse leicht pfeffern und salzen und mit den Nüssen, dem Weißbrot und der Butter vermischen. Die mittlerweile gare Gans zerlegen. Von der Brust und den Keulen 8 Stücke schneiden. Die Haut entfernen und mit der Kruste etwa 5 mm dick belegen. Mit der Kruste nach oben für rund 10 Minuten bei 250 °C im Ofen gratinieren. Den gegarten Rotkohl in 8 Blätter Brik-Teig einrollen. Diese 8 Röllchen in drei Minuten rundum goldbraun braten, danach vierteln. Auf großen Tellern anrichten: Gratinierten Gänsebraten mit Rotkohlröllchen umgeben, dazu etwas Gans-Füllung und alles mit dunkler Bratensauce verzieren. Ein Glas Bordeaux dazu reichen.

eine Hälfte davon dem Frierenden. Nachts darauf träumte Martin von Jesus, der mit seinem Mantel bekleidet war. Mit 18 Jahren getauft, verließ er die Armee und wurde Schüler des Hilarius. 360 zog er nach Poitiers. 371 wurde er Bischof von Tours. 397 starb er auf einer seiner seelsorgerischen Reisen. Im 5. Jahrhundert wurde über seinem Grab eine Kapelle errichtet. Später wurde sie durch eine Basilika, aus der sich wiederum später das Kloster St. Martin entwickelte, ersetzt.

Und woher stammt nun die Martinsgans? Die Verbindung zum Federvieh ist wahrscheinlich so entstanden, dass damals die Gans eine bevorzugte Zinsbeigabe an den Grundherren darstellte. Erst viel später erzählte man Legenden, wie z.B., dass er sich unter Gänsen versteckt hätte, als er nicht Bischof werden wollte und ihn die wachsamen Gänse verrieten.

Der Elfte im Elften ist im Rheinland zudem der Auftakt zur Karnevalszeit mit dem so genannten »Hoppeditzerwachen«. Die Elf gilt als närrische Zahl, daher auch der Name »Elferrat«, der heute den künftigen Karnevalsprinzen bei den Vereinsfesten wählt.

15. NOVEMBER LEOPOLD

LEOPOLD IST DER LANDESPATRON VON WIEN und Niederösterreich, begraben in Klosterneuburg. Er war Familienvater von 18 Kindern, von denen zwei Söhne Bischof wurden (Otto von Freising und Konrad von Salzburg). Als Markgraf von Österreich wurde ihm 1125 die deutsche Kaiserkrone angeboten, die er aber ablehnte. Leopold gilt als Förderer der Kirche: Er war auf der Jagd mit Freunden und Gattin auf dem Kahlenberg, der heute Leopoldsberg heißt. Ein Windstoß verwehte den kostbaren Schleier seiner Frau. Leopold gelobte: »Sucht den Schleier! Dort, wo ihr ihn findet, werde ich eine Kirche erbauen.« Der Schleier wurde gefunden, Leopold löste sein Versprechen ein, und heute steht dort das Chorherrenstift Klosterneuburg.

Am 15. November gibt es das »Leopoldifest« mit einer Weinkost in der Babenbergerhalle. Eine große Gaudi ist das »Fasslrutschen« im »Binderstadl«, der ehemaligen Fassbinderei des Weinguts. Gegen einen Obolus kann man über das 300 Jahre alte, 3,84 Meter hohe und 56.000 Liter fassende »Tausend-Eimer-Fass« rutschen. Dieser Brauch geht auf einen Klosterwirt zurück, der wegen einer verlorenen Wette vom Fass rutschen musste.

BUSS- UND BETTAG

Der Feiertag Buss- und Bettag ist ein Sühnetag, wovon es schon im Mittelalter einige gab. Erst 1892 wurde er einheitlich auf den Mittwoch vor Totensonntag festgelegt. Heute soll man an diesem Tag Buße tun, beten und Zeit zur Besinnung finden. In protestantischen Familien ist heute Arbeitsruhe und Fasten sowie Zeit für individuelle Gewissensprüfung und öffentliches Sündenbekenntnis.

19. NOVEMBER HEILIGE ELISABETH

Schon in frühen Jahrhunderten war der Elisabethtag in den Gemeinden Anlass, etwas von den Vorräten für die Armen und Bedürftigen abzugeben; entweder am heutigen Tag oder bis Weihnachten aufbewahrt und dann gegeben. In der heutigen Zeit können wir Nächstenliebe zeigen, indem wir Kranke besuchen, Neuzugezogene oder Nachbarn einladen, Kleider oder Möbel spenden; Kindern, Jugendlichen oder Senioren ein geduldiger Zuhörer sein. Zeit für einen Akt der Nächstenliebe findet sich in vielfältiger Art und Weise. Kinder nehmen den heutigen Tag gerne zum Anlass, an die Tiere zu denken und stellen das Futterhäuschen für die Vögel auf.

TOTEN- ODER EWIGKEITSSONNTAG

Der Toten- oder Ewigkeitssonntag am letzten Sonntag vor dem 1. Advent ist der evangelische Totengedenktag, also ein Fest zum ehrenden Andenken an die Toten. Katholiken begehen an diesem Tag das Christkönigsfest, das Hochfest vom Königtum Christi

ADVENT

Advent (lat. Ankunft) ist die Vorbereitungs- und Erwartungszeit der Geburt Christi. Im Jahr 836 wurde die Adventszeit eingeführt, und seit dem 11. Jahrhundert setzte sich die vierwöchige vorweihnachtliche Fastenzeit durch. Bekanntestes Brauchtum ist das Aufstellen des Adventskranzes und das Entzünden der ersten Kerze und natürlich der gut gefüllte Adventskalender.

ADRESSEN UND WEITERFÜHRENDE LINKS

Abtei Frauenwörth
D-83256 Frauenchiemsee
Tel.: 0 80 54/9 07-0
Fax: 0 80 54/79 67
www.frauenwoerth.de

Abtei Himmerod
Himmerod 3
D-54534 Grosslittgen
Tel.: 0 65 75/95 13-0
Fax: 0 65 75/95 13-20
E-Mail: abtei@himmerod.net
www.kloster-himmerod.de

Abtei Königsmünster
Klosterberg 11
D-59872 Meschede
Postanschrift:
Postfach 1161
59851 Meschede
Tel.: 02 91/29 95-0
Fax: 02 91/29 95-100
www.koenigsmuenster.de

Abtei Mariawald (Eifel)
D-52396 Heimbach
Tel.: 0 24 46/95 06-0
Fax: 0 24 46/95 06-30
E-Mail: info@mariawald.de
www.kloster-mariawald.de

Abtei Münsterschwarzach
Schweinfurter Straße 40
D-97359 Münsterschwarzach Abtei
Tel.: 0 93 24/2 00
Fax: 0 93 24/2 02 11
E-Mail: Abtei.Muensterschwarzach@t-online.de
www.abtei-muensterschwarzach.de

Bencés Foapatsag Pannonhalma
Var utca
H-9090 Pannonhalma
http://bences.hu

Benediktinerstift Admont
Kulturressort
A-8911 Admont 1
Tel.: +43 0 36 13/23 12-0
Fax.: +43 0 36 13/23 12-320
E-Mail: info@stiftadmont.at
www.stiftadmont.dat

Benediktinerabtei Kloster Ettal
Kaiser-Ludwig-Platz 1
D-82488 Ettal
Tel.: 0 88 22/74-0
Fax: 0 88 22/74-228
E-Mail: verwaltung@kloster-ettal.de
http://abtei.kloster-ettal.de

Benediktinerabtei Plankstetten
Klosterplatz 1
D-92344 Berching
Tel.: 0 84 62/2 06-0
Fax: 0 84 62/2 06-121
E-Mail: info@kloster-plankstetten.de
www.kloster-plankstetten.de

Benediktinerabtei Seckau
A-8732 Seckau 1 Obersteiermark
Tel.: +43 0 35 14/52 34-0
Fax: +43 0 35 14/52 34-105
E-Mail: verwaltung@abtei-seckau.at
www.abtei-seckau.at

Benediktinerinnenabtei St. Hildegard
Klosterweg
D-65385 Rüdesheim am Rhein
Tel.: 0 67 22/4 99-0
Fax: 0 67 22/4 99-178
E-Mail: benediktinerinnen@abtei-st-hildegard.de
www.abtei-st-hildegard.de

Benediktinerabtei Michaelsberg
D-53721 Siegburg
Bergstraße 26
Tel.: 0 22 41/129-0
Fax: 0 22 41/12 91 03
E-Mail: kontakt@abtei.michaelsberg.de
www.abtei-michaelsberg.de

Benediktinerabtei Weltenburg
Asamstraße 32
D-93309 Kelheim/Donau
Tel.: 0 94 41/204-136
Fax: 0 94 41/204-137
E-Mail: abtei-weltenburg@t-online.de
www.areion.org/weltenburg

Gutes aus Klöstern
Manufactum GmbH & Co. KG
Hiberniastraße 5
D-45731 Waltrop
E-Mail: info@manufactum.de
www.manufactum.de/Kategorie/-1521/Gutes-aus-Kloestern.html

Kloster Andechs
Bergstraße 2
D-82346 Andechs
Tel.: 0 81 52/3 76-0
Fax: 0 81 52/3 76-143
E-Mail: info@andechs.de
www.andechs.de

Kloster Beuron
Erzabtei St. Martin zu Beuron
Abteistraße 2
D-88631 Beuron
Tel.: 0 74 66/17-0
Fax: 0 74 66/17-107
E-Mail: gastpater@erzabtei-beuron.de
www.erzabtei-beuron.de

Kloster Einsiedeln
CH-8840 Einsiedeln
Tel.: +41 55 418/61 11
Fax: +41 55 418/61 12
E-Mail: kloster@kloster-einsiedeln.ch
www.kloster-einsiedeln.ch

's Klosterlädle
Inh. Heinz Hoserek
Tumstraße 12
D-77955 Ettenheim
Tel./Fax: 0 32 12/1 38 31 49
E-Mail: info@klosterlaedle.de
www.Klosterlaedle.de

Salvatorianerkloster Steinfeld
Hermann-Josef-Str. 4
D-53925 Kall-Steinfeld
Tel.: 0 24 41/88 9-0
Fax: 0 24 41/88 9-128
E-Mail: info@kloster-steinfeld.de
www.kloster-steinfeld.de

Stift Klosterneuburg
Stiftsplatz 1
A-3400 Klosterneuburg
Tel.:+43 0 22 43/4 11-0
E-Mail: info@stift-klosterneuburg.at
www.stift-klosterneuburg.at

Termine und Informationen für den Gastaufenthalt in Klöstern bei:
Arbeitsgemeinschaft Deutscher Diözesan-Exerzitien-Sekretariate
Kaiserstr. 161
D-53113 Bonn
E-Mail: info@exzerzitien.info
www.exerzitien.info

Allgemeine Informationen gibt es bei:
Deutsche Ordensobernkonferenz
Haus der Orden
Wittelsbacherring 9
D-53115 Bonn
Tel.: 02 28/68 44 9-0
Fax: 02 28/68 44 9-44
www.orden.de

In Österreich sind die Aktivitäten der Klöster zusammengefasst worden vom »Verein zur Förderung aller kulturellen und touristischen Aktivitäten der Klöster, Orden & Stifte Österreichs«. Zu der Vereinigung **Klösterreich** gehören mittlerweile 18 Klöster und Stifte in Österreich und Ungarn.

Informationen bei:
Klösterreich
c/o ITA, Hermann Paschinger
Prof.-Kaserer-Weg 333
A-3491 Straß im Straßertale
Tel.: +43 2735/55 35-0
Fax: +43 2735/55 35-14
E-Mail: info@kloesterreich.at
www.kloesterreich.at

ZU DEN BILDERN

S. 3: Giotto di Bondone und Werkstatt, *Die Darbringung im Tempel* (Ausschnitt), um 1303/05, Fresko, aus dem Zyklus mit Szenen aus dem Leben Mariä und Christi, Padua, Arenakapelle (Cappella degli Scrovegni).
S. 5: Miniatur, Buchmalerei, 13. Jh., Musée Goya, Castres, Frankreich.
S. 7: Kloster Ettal (Bayern).
S. 8: Giotto di Bondone, *Maria mit dem Kind und den Heiligen Nikolaus, Johannes dem Evangelisten, Petrus und Benedikt* (Ausschnitt), um 1301, Polyptychon von Badia, Tempera auf Holz, Florenz, Galleria degli Uffizi.
S. 15: Abtei Frauenwörth, Chiemgau, Bayern.
S. 17: Gerard van Honthorst, Anbetung der Hirten, 1620, Öl auf Leinwand, Florenz, Galleria degli Uffizi.
S. 19: Alexander Adriaenssen, *Stilleben mit Fischen, Austern und Katze,* 1630, Öl auf Leinwand, Madrid, Museo del Prado.
S. 25: Jacob Jordaens, *Das Fest des Bohnenkönigs,* um 1665, Öl auf Leinwand, Wien, Kunsthistorisches Museum.
S. 28: Nikolaus von Verdun, *Dreikönigsschrein*, um 1185-1200, Köln, Dom.
S. 29: Martin Schongauer, *Der Heilige Antonius*, 1472, Colmar, Unterlindenmuseum.
S. 33: Pietro Perugino (eigentl. Pietro Vanucci), um 1445/48-1523, *Der Heilige Sebastian,* Öl auf Holz, Rom, Galleria Borghese.
S. 36: Buchmalerei, 15. Jh., *Aalfang* (Ausschnitt), aus: Tacuinum sanitatis von Ibn Botlan, Ms. Lat. 9333, fol. 82, Paris, Bibliotheque Nationale.
S. 37: Die ehemalige Abtei von Pontigny (Burgund), Frankreich, Blick in das Seitenschiff.
S. 39: Stefan Lochner, *Darbringung im Tempel* (Detail), 1447, auf Eichenholz, Darmstadt, Hessisches Landesmuseum.
S. 40: Pieter Bruegel d.Ä., *Der Kampf zwischen Karneval und Fasten*, 1559, auf Eichenholz, Wien, Kunsthistorisches Museum.
S. 46: Masolino da Panicale (zugeschrieben), *Papst Gregor der Große mit dem Heiligen Matthias*, um 1428, Öl und Tempera auf Leinwand, National Gallery London.
S. 50: Cluny, Benediktiner-Abtei (Saone-et-Loire, Frankreich), *Grande vue de l'Abbaye de Cluni, en Maconnois*, Kupferstich, undat., nach Zeichnung von Jean-Baptiste Lallemand (1716-1803), Paris, Bibliotheque Nationale.
S. 51: Eduard Grützner, *Des Mönches Vesperzeit*, Gemälde, 1882.
S. 54: Sankt Gallen (Schweiz), *Bauriss des Klosters* (Klosterplan), ausgearbeitet um 820 in Reichenau, Druck nach Zeichnung (Faksimile), Original: Stiftsbibliothek St. Gallen.
S. 55: Abtei Fonteney (Burgund), Frankreich. Blick in den Kreuzgang.
S. 56: Liebfrauenkirche, Trier, Kreuzgang.
S. 60: Rogier van der Weyden, *Die Verkündigung an Maria*, um 1435. (Mitteltafel eines Triptychons), auf Holz, Musée du Louvre, Paris.
S. 61: Abtei von Orval, Belgien.
S. 64: Das ehemalige Kloster San Fruttuoso in Portofino (Ligurien).
S. 69: *Inspiration der Hildegard*, Holzschnitt, 1524, aus: Die Legend von der seligen Jungfrawen sant Hildegard (...), Oppenheim (J. Köbel).
S. 72: Leonardo da Vinci, *Das letzte Abendmahl*, 1495-1497, Wandgemälde, Mailand, Kloster S. Maria delle Grazie, Refektorium.
S. 73: Andrea Mantenga, *Der Heilige Georg*, 1467, auf Holz, Venedig, Galleria dell'Accademia.
S. 74: Kloster Himmerod in der Eifel.
S. 75: *Ausgießung des Heiligen Geistes*, Kuppelmosaik, Kloster Hosios Lukas (Griechenland), 11. Jh.
S. 78: Stefano di Tommaso Lunetti und Giovanni di Giuliano Boccardi, Initiale mit *Ausgießung des Heiligen Geistes*, Buchmalerei, um 1504/05, aus einem Antiphonar, Ms. 549, fol. 28 v., Florenz, Museo di San Marco.
S. 83: Marienkirche Mühlhausen (Thüringen), Seitenportal mit Heiligenfiguren.
S. 84: Monte del Fora (Monte di Giovanni del Fora) 1448-1529. Initiale »D« mit Darstellung der Heiligen Dreifaltigkeit, Buchmalerei, Missale 542, fol.33 v.
S. 87: Holunder, aus: Hieronymus Bock, *Teutsche Speißkammer*, Straßburg 1560.
S. 91: Giovanni Battista Cima da Conegliano, *Der ungläubige Thomas*, um 1502, Öl auf Holz, National Gallery, London.
S. 93: *Die heiligen Siebenschläfer von Ephesus*, Ikonenmalerei, Anfang 18. Jahrhundert, Niederlande, Privatsammlung.
S. 94: Kapitell im Kreuzgang des Bonner Münsters, um 1140.
S. 95: Raffael (eigentl. Raffaello Santi), *Adam und Eva*, Deckenfresko (Detail), um 1508, Stanza della Segnatura im Vatikan für Papst Julius II..
S. 98: Kloster Weltenburg (Bayern), die älteste klösterliche Niederlassung Bayerns.
S. 99: *Benediktinerpriorat und Wallfahrtsort S. Andechsberg*, (Oberbayern), Kupferstich, aus: Daniel Meisner, Thesaurus Philopoliticus oder politisches Schatzkästlein, 2. Buch, 7. Teil, Frankfurt am Main (E. Kieser) 1631, S. 4.
S. 101: St. Peter, Rom, Blick in die Kuppel.
S. 102: Bicci di Lorenzo, *Der Heilige Laurentius*, auf Holz, 1440, Florenz, Galleria dell'Accademia.
S. 104: Abtei Königsmünster in Meschede.
S. 109: Bibliothek der Benediktinerabtei Admont (Steiermark, Österreich), um 1774
S. 111 Caravaggio (eigentl. Michelangelo Merisi), *Der Obstkorb,* um 1598/99 Öl auf Leinwand, Mailand, Pinacoteca di Brera.
S. 116: Luca Giordano, *Der Erzengel Michael*, 1684 (?), Öl auf Leinwand, Berlin, SMPK, Gemäldegalerie.
S. 118: Caravaggio (eigentl. Michelangelo Merisi), *Bacchus*, 1593/94, Öl auf Leinwand, Florenz, Galleria degli Uffizi.
S. 119 (oben): *Monatsbild Oktober (Weinlese)*, Holzschnitt aus einem Augsburger Kalender für das Jahr 1490.
S. 119 (unten): Abtei St. Hildegardis (Rheingau).
S. 121: David Tenier d.J., *Dorfkirmes*, um 1670, Öl auf Kupfer, Madrid, Museo del Prado.
S. 126: Stefan Lochner, *Die Heilige Ursula mit Gefährten*, um 1440, linker Flügel des *Dreikönigsaltars*, auf Holz, Köln, Dom.
S. 128: Älteste Ansicht von Einsiedeln, Holzschnitt von 1509.
S. 129: Lucas Cranach d.Ä., *Martin Luther*, 1532, Dresden, Gemäldegalerie Alte Meister.
S. 133: Abtei Kosterneuburg, Österreich.
S. 138: Buchmalerei, 14. Jh., Initiale »S« mit einer Szene aus dem Leben des Heilgen Martin von Tour, Oxford, Bodleian Library.
S: 139: Abtei Kosterneuburg, Österreich.

REGISTER

Die Abkürzungen in den Rezepten bedeuten:

EL = Esslöffel
TL = Teelöffel
Bd. = Bund
Bl. = Blatt
Msp. = Messerspitze
Päck. = Päckchen
Pr. = Prise
Stk. = Stück
TK = Tiefkühlkost
Tr. = Tropfen

Bibliografische Information Der Deutschen Bibliothek
Die Deutsche Bibliothek verzeichnet diese Publikation in der Deutschen Nationalbibliografie; detaillierte bibliografische Daten sind im Internet über http://dnb.ddb.de abrufbar.

Bildnachweis
Stefan Adam: S. 22, 68, 57, 100; **AKG Berlin:** S. 3, 17, 19, 25, 28 (oben), 29, 33, 36 (oben), 39, 40, 50, 51, 54, 60, 69, 73, 75, 78, 84, 93, 99 (beide), 102, 111, 116, 119 (oben), 126, 138; **CORBIS:** S. 7 © Adam Woolfitt, 8 © Alinari Archives, 37 © Bob Krist, 46 © National Gallery Collection, London, 61 © Michael Freeman; 64 (oben) Morton Beebe, 91 © National Gallery Collection, London, 98 Adam Woolfitt, 109 © Massimo Listri, 121 © Archivo Iconografico, S.A., 128 (unten) © Bettmann, 133 und 139 © Adam Woolfitt; **Cornelis Gollhard, Stefan Wieland:** S. 28 (unten), 34, 49, 64, 110; **Aurora Grisanti:** S. 56, 94; Helmut Koch: S. 12; **Mauritius – Die Bildagentur:** S. 5, 9, 15, 16, 48, 55, 72 (unten), 79, 83, 95, 101, 108, 118; **Wolfgang Mönninghoff:** S. 74, 105, 119 (unten), 132; **P. Damian Rutishauser:** S. 128; **Food-Foto Köln, Jürgen Holz, Assistenz Christian Pompetzki, Food-Styling Carsten Dorhs:** S. 11, 21, 23, 27, 31, 32, 36 (unten), 43, 45, 47, 53, 59, 67, 71, 72 (oben), 77, 81, 89, 97, 107, 113, 115, 123, 125, 127, 131, 135, 137.

Redaktion: Michael Büsgen
Lektorat: Dr. Birgit Herren
Umschlaggestaltung, Layout und Satz: Metzgerei Strzelecki, Köln
Umschlagfotos vorne: © Marc Garanger/CORBIS (oben); Stefan Adam (unten links); Getty Images (unten rechts).
Umschlagfoto hinten: © AKG Berlin (oben), Food-Foto Köln, Jürgen Holz (unten)
Produktion: Susanne Beeh, Caroline Toma
Printed in Germany
ISBN 978-3-8025-3752-3

www.vgs.de